U0094432

让高手成就更多高手

以山顶视角领略世界

"蝶变"系列 第四部

迈向数实共生的
元宇宙

杨学成◎著

北京联合出版公司
Beijing United Publishing Co.,Ltd.

图书在版编目（CIP）数据

蝶变：迈向数实共生的元宇宙 / 杨学成著 . — 北京：
北京联合出版公司, 2022.9
ISBN 978-7-5596-6411-2

Ⅰ . ①蝶…　Ⅱ . ①杨… ②于…　Ⅲ . ①信息经济—通
俗读物　Ⅳ . ①F49-49

中国版本图书馆 CIP 数据核字（2022）第 136056 号

蝶变：迈向数实共生的元宇宙

作　　者	杨学成
出 品 人	赵红仕
选题策划	北京山顶视角科技有限公司
策划编辑	王留全　叶　赞
责任编辑	管　文
统筹编辑	高继书
封面设计	卓义云天

北京联合出版公司出版
（北京市西城区德外大街 83 号楼 9 层 100088）
北京联合天畅文化传播公司发行
北京美图印务有限公司印刷 新华书店经销
字数 120 千字　　　880 毫米×1230 毫米　　1/32　　7.375 印张
2022 年 9 月第 1 版　　2022 年 9 月第 1 次印刷
ISBN 978-7-5596-6411-2
定价：68.00 元

目　录

序章

从敬畏数据开始

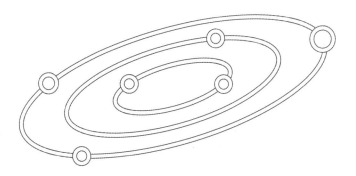

一

　　1916年1月1日，当26岁的柳比歇夫以自己独创的"时间统计法"写下第一篇日记的时候，他"奇特的一生"就此拉开了序幕。从1916年年初的这一天开始，直到1972年去世，柳比歇夫56年如一日，一丝不苟地在日记本上记录着自己的时间支出，一天也没有间断过，即便中间经历了战争的纷乱、丧子的痛楚、飞机失事等灾难性事件，也没有打断柳比歇夫对时间如何支出的忠实记录。

　　柳比歇夫全名亚历山大·亚历山德罗维奇·柳比歇夫，生于1890年，是苏联著名的昆虫学家、哲学家和数学家，毕业于圣彼得堡国立大学，一生发表学术著作70多部，涉及生物分类学、昆虫学、科学史、农业、遗传学、哲学、动物学、进化论、无神论等诸多领域，在国外被广为翻译出版。除此之外，柳比歇夫利用业余时间收集了13000只地蚤标本，并对300个种类的5000只公地蚤进行了器官切片研究，积累的有关地蚤的研究材料规模比动物研究所还多。

成就柳比歇夫"奇特的一生"的背后，是他独创的"时间统计法"。柳比歇夫的日记并不是普通的日记，而是严格按照他自己发明的格式予以记录的"时间开销日记"。

一份典型的柳比歇夫日记是这样的：

乌里扬诺夫斯克。1964年4月7日。

分类昆虫学（画两张无名袋蛾的图）——3小时15分。

鉴定袋蛾——20分（1.0）。

附加工作：给斯拉瓦写信——2小时45分（0.5）。

社会工作：植物保护小组开会——2小时25分。

休息：给伊戈尔写信——10分；《乌里扬诺夫斯克真理报》——10分；列夫·托尔斯泰的《塞瓦斯托波尔故事》——1小时25分。

基本工作合计——6小时20分。

这份1964年的日记，清楚地表明了柳比歇夫的时间日记方法论：第一，以日期为主线罗列事件，并精确记录每个事件产

生的时间支出，标准格式是"日期+事件+花费时间"；第二，
不同于普通的日记，柳比歇夫在日记里没有任何感情抒发或者
评论性文字内容，只是忠实地甚至是机械地进行记录和汇总；
第三，柳比歇夫特别关注"基本工作"，也就是自己首先要保
证的时间投入，与此同时，见缝插针利用好基本工作事项之间
的"时间下脚料"；第四，柳比歇夫的每份日记后面都有一个
小结，如"基本工作合计——6小时20分"。实际上，他不但
汇总每天的时间支出，还会汇总每个月、每年的情况。除了汇
总，他还进行年度计划，甚至把自己的一生分为若干个五年计
划，每过五年还会把时间支出和做过的事情统统分析一遍。当
然，这些总结和计划也会花费时间，柳比歇夫也都进行了精确
记录，通常每日记录大约花费几分钟，每月小结是依据每日记
录，花费几个小时就能完成，而每年总结需要花费17～18个小
时（2～3天时间）。①

　　通过精准记录时间支出，柳比歇夫给自己创作出了一面
"时间之镜"。通过这面镜子，柳比歇夫可以对自己的过往沿着

---

① 有关柳比歇夫"奇特的一生"的故事，详见：格拉宁：《奇特的一生：柳比
　 歇夫坚持56年的"时间统计法"》，侯焕闳、唐其慈译，北京联合出版公司，
　 2016。

时间线的指引进行近乎无情的回望，以便对自己做过的事情进行分析和研究，找出可以迭代优化的地方，从而面向未来进化出一个更好的自己。一言以蔽之，柳比歇夫致力于打造的，是一个带有时间标签的"数字分身"，这个数字分身与柳比歇夫的生命演进平行推进，最终变成了柳比歇夫的"数字平行人"。由此，我们可以做个更加大胆的想象，假如现在的我们想要"回望"柳比歇夫的话，恐怕会比回望他那个时代的其他人更加容易和准确。时间日记提供了大量的资料，也就是数据，这些分布在时间和空间坐标上的一切数据都可以被完美复制出来——柳比歇夫某天某时在什么地方，干了什么事情，看了些什么书，见了谁，去了哪儿，以及分别用了多长时间，等等。这种回望就仿佛在日记本上完全复制出了一个柳比歇夫的数字分身。

其实，逝世于1972年的柳比歇夫不会想到，就在他即将离开人世的时候，一项后来深刻改变了人类社会的技术正在萌芽，这项现在已经被全世界人都熟悉的技术叫作"互联网"。而依靠着互联网以及栖身互联网之上的一系列数字技术和五花八门的联网终端，如今每一个人都在快速"柳比歇夫化"，轻而易举就能拥有属于自己的"奇特的一生"。只不过，当下的时间日记已经不再需要像柳比歇夫一样诉诸笔端。网络时代的时间日记基本上是个自动化实时推进的过程，如果说柳比歇夫的日记已经精确到了分钟级别的话，那么我们现在的数据版本的时间日记可以说是"秒级的"。更为重要的是，我们无须为了记录这件事情本身而付出额外的时间，但我们能够记录下来的信息数量和数据丰富程度却是柳比歇夫无论如何都无法想象的。

如今，虽然柳比歇夫已经过世50年了，但他发明的时间统计法不但没有泯灭，反而被日益蓬勃发展的数字技术进一步发扬光大。在全社会都被数据记录的当下，要不了多久，每一个组织、个体乃至行为、动作甚至触觉、嗅觉、味觉都将幻化为数字片段，而这些被记录下来的数字片段又都可以被以飞快的速度总结和分析，变成完整的数字镜像，供我们实时回望。

我们正在打造一面"数字之镜"，迈进去就是元宇宙！

二

大抵每项新思想和新技术的引入，都需要经历一个被热议到面目全非的阶段。元宇宙（Metaverse）也不能免俗。这项谁也说不清楚来源、更说不清楚去向的新概念一下子就火爆了起来。有说元宇宙的提法源自一本小说《雪崩》；有说四万年前的岩画就是最早的元宇宙；还有说元宇宙就是下一代互联网；甚至有报告说，元宇宙能让人像《西游记》里的孙悟空那样，拔撮毫毛就能变出一堆猴子。可见，有想象力的技术的解读得多么依靠人类的想象力啊。有意思的是，这边厢想象力趋向于无穷；那边厢，元宇宙的场景却谁都没有真正体验过。那些老被各方拿出来说事儿的明星企业，类似于Meta（脸书Facebook的新名）和Roblox（罗布乐思）等，连自己都承认距离真正的元宇宙愿景还有无限远的进程。一言以蔽之，所有人都在喊有个叫"元宇宙"的鬼要来了，可是没有人真正见过这个鬼！

　　这本书并不打算加入有关元宇宙的这场想象力大讨论之中，也不打算对元宇宙的概念进行拼盘式综合梳理，甚至不会去刨根问底、追根溯源，捡拾历史角落里的有关"元宇宙"这个词汇的论述片段。相反，本书将元宇宙看作是数字社会演进的一个终极目标，而在这个大背景下，同时鉴于一本书的容量，我们的讨论主题限定在与数据融入现实有关的部分，也就是"数实共生"。

　　本质上，无论元宇宙这个终极目标是什么样子的，可以肯定的一点是，元宇宙是数据技术和数字理念进化的产物。没有数据技术的发展和演进，我们就没有机会去想象未来的元宇宙到底是什么样子。由此观之，从老老实实的本分观察出发，理解并把握数据技术和思想的发展脉络更为根本，也更为实用。

数据是记录的产物。想要理解数据的价值，就要搞清楚数据是如何记录以及被传播的。所以，记录和传播是体现数据价值的两大核心。在记录和传播方面，人类长期以来都受到"传播范围"和"互动性"这两个指标的强力束缚。正是对传播范围和互动性这两个约束指标的不断松绑，才让人类走到了如今的数据时代。早在人类掌握语言之前，相互之间的表情达意主要依靠行为和身体接触，例如通过亲吻和抚摸来表达爱意。这种方式具备很强的互动性，但却需要传播的双方实现时空共在，人际间的表情达意在传播范围上受到了巨大的限制。掌握语言之后，人类发明了文字，终于可以将信息记录下来并进行大范围传播了，文字的革命性在于不需要亲身传播就可以表情达意，由此传播内容和身体实现了分离，阅读一个人的文字就如同跟这个人的化身在交流，这在传播学中被称作"符号传播"。再加上后来诞生的印刷术，文字的传播范围被大大拓展，与此同时，文字传播还能在时间上延展，名作传世就此成为可能。但很显然，文字传播牺牲了互动性。

1876年，贝尔发明了革命性的沟通工具——电话，从而将"互动性"重新捡了回来。借助电话终端，人们可以实现超远距离的实时对话，空间上无远弗届，互动上实时进行。但电话的弊端在于，只能进行小范围的信息传输，主要是一对一交流，意味着电话在做到远距离实时互动的同时，却牺牲掉了传播范围。及至后来，电视开始出现。电视能够将远方的实时音画带到观众的眼前，在声音之外引入了图像，由此构建出"临场感"，且借助电视网络，同样的音画内容能够实现大范围的传播，但电视却放弃了互动性，本质上还是单向传播工具。

真正将传播范围和互动性这两大特性调和到一起并相得益彰的是互联网——又能实时互动，又能大范围传播，还能"传世"。可以说，计算机的出现解决了记录和存储的问题，但互联网的出现，同时打破了束缚数据价值的传播范围和互动性这两大枷锁。至此，人们在互联网时代之所以如此重视数据价值，也就有了答案——真正有用的不是互联网，而是互联网释放出来的数据价值！

那么，何谓数据？其价值何在？

三

先普及几个基本概念。

所谓数据，是对客观事物的数字化记录或描述，是无序的、未经加工处理的原始资料。数据需要通过采集、整理、聚合、分析，才能成为具备使用价值的数据资源。数据资源参与到社会生产经济活动、为使用者带来经济效益，就形成了数据要素。由此观之，数据本身价值不大，需要经过一系列的变换，成为资源进而成为要素，才是对经济有意义的。如何完成这一系列的变换呢？这就需要大数据产业的发展。根据工业和信息化部发布的《"十四五"大数据产业发展规划》，大数据产业是以数据生成、采集、存储、加工、分析、服务为主的战略新兴产业，是激活数据要素潜能的关键支撑。通过大数据产业的发展，能够打通数据要素市场和产业内部要素配置的通道，让要素市场的定价和交易功能转化为产业内部的优化资源配置功能，推动产业高质量发展。说得简单一点，大数据产业要做的事情，就是把数据转化为数据要素并引导数据要素与其他产业融合。

那么，融合数据要素之后的产业是什么呢？那就是数字经济。所谓数字经济，是指以数据资源作为关键生产要素、以现代信息网络作为重要载体、以信息通信技术的有效使用作为效率提升和经济结构优化的重要推动力的一系列经济活动。数字经济是继农业经济、工业经济后最为核心的经济形态。从生产要素的角度来看，传统经济形态主要利用土地、劳动力、技术和资本这四大生产要素的组合；而在数字经济形态中，组合的生产要素变为数据、土地、劳动力、技术和资本这五大要素，其中数据作为核心要素起到关键变革作用。

根据 2021 年 6 月国家统计局发布的《数字经济及其核心产业统计分类（2021）》，数字经济的产业范围包括五类，分别是：01 数字产品制造业；02 数字产品服务业；03 数字技术应用业；04 数字要素驱动业；05 数字化效率提升业。前四类主要是"数据产业化"，第五类为"产业数据化"。根据这个统计口径，我国数字经济规模已从"十三五"（2016—2020 年）之初的 11 万亿元增长到 2019 年的 35.8 万亿元，占国内生产总值（GDP）比重超过 36%，各行各业的数字化转型越来越快。

通过上述定义，我们大概可以理清楚几个重要概念之间的关系。先有数据，然后转化成数据资源，数据资源再转化为数据要素，然后引导数据要素与产业融合——要么数据产业化，要么产业数据化，最后推动数字经济的整体发展。

这几步转换看起来很容易，但做起来非常难。原因在于，相比于其他生产要素，数据有很多独特性。首先，非稀缺性。传统经济学是围绕"稀缺性"展开的，其基本任务就是研究有限的资源与人的无限欲望之间的矛盾，准则是实现以最小投入获得最大产出，但数据并不存在稀缺性的问题。当然，我们说数据的非稀缺性并不是说数据到处都有、随手可得，或者说数据资源无限丰富，而是指，数据不会因为使用而消耗，只会因为使用而增加，而且越用越多，这就意味着数据量在理论上是可以无限开发的。其次，数据可以多次循环使用，且使用后的副产品仍然是数据，不存在污染、排放等问题。再次，也是最重要的一点是，数据价值具有非均质性。资本、劳动力等传统生产要素都具有一定程度的均质性，资本的每一元钱之间是没有本质区别的；劳动力之间尽管有明显区别，但这种差别只发生在一定范围之内，均质性仍然比较明显；不同技术之间虽然差异很大，但专利保护和专利审查制度会让这种差异显著缩小。唯有数据，1比特（bit，信息量单位）的数据跟另外1比特的数据包含的价值基本上是完全不同的，我们几乎无法用某一个企业的数据量来衡量这个企业的价值或者进行数据量横向比较。包含同样数据量的数据体，对一个企业来讲可能极其有用，但对另一个企业来说可能就一无用处。最后，数据具有非排他性。经济学意义上的排他性是指在技术上排斥他人使用的可能性，也就是说当一方在使用某一件产品时别人是不能使用的，可以很方便地确立产权归属。但数据可以无限复制给多个主体同时使用，建立排他性的权利制度安排相比来讲要复杂得多。

作为生产要素的数据的这些独特性的存在，决定了数字经济过往的发展逻辑，也正在决定着数字经济未来的发展走向。理论上，凡是经济活动，必须产生利润。那么数字经济时代的利润是如何产生的呢？众所周知，利润是收入减去成本的净额（利润＝收入－成本）。那也就意味着，想要获得更高的利润，要么提高收入，要么降低成本，要么提高收入的同时降低成本。实践上，一家企业在开办早期往往是没有利润的，甚至亏损严重，直到经过一段时间之后，利润才显现出来。为什么要经过"一段时间"呢？因为要等待产能提升后的规模经济效应得到发挥。也就是说，随着生产规模的扩大，分摊到每件产品上的成本会减少，边际成本下降，这样一来，在边际收入不变的情况下，因为边际成本下降会造成企业利润的上升。这个"规模经济"，基本上是工业经济时代的支配性规律。

数字经济更进一步。除了受到规模经济的支配之外，还会产生网络效应。这个网络效应是指，随着用户数的增加，网络的价值呈几何级数增长，即某个网络对一名用户的价值取决于使用该网络的其他用户的数量。例如，微信的用户数量越多，那么每个微信用户感受到的价值就会越高，因为有机会跟更多的人互动。换言之，网络效应会造成边际收入提升，所以数字经济的利润扩大既来自收入上升，也来自成本下降。规模经济与网络效应的叠加，会让数字经济形态的发展看上去非常"性感"，这也是为什么短短数年就能涌现出大批数字经济"巨兽"的原因。

但这背后暗藏着陷阱。这个陷阱就是，网络效应依赖于用户数量，所以其作用发挥并非没有边界，当所有人都成为某个网络的用户时，网络效应的几何级数增长就会戛然而止。让我们来看一组数据，根据中国互联网络信息中心（CNNIC）发布的数据，截至2021年12月，我国网民规模达到了10.32亿人，全社会互联网普及率为73.0%。再进一步，我国上网用户平均每周的上网时长在2013年时达到了25小时，之后就进入缓慢增长期，一直到新冠肺炎疫情发生前（2019年年底）基本上都不怎么上涨了。2019年12月到2020年6月，因为疫情的影响，用户上网时长实现了短期增长，但疫情稍有缓解的时候，这个数据就又掉回到了疫情前的水平。2021年全年，用户平均每周上网时长为28.5小时。我们按照这个数据再乘上网民数量，那么我国网民每周上网总时长大约为294.12亿小时。这个总上网时长基本上就确定了数字经济的市场空间，并且趋于稳定。至此，这一轮的网络效应基本上走到了头，互联网从一个高速增长的市场空间，变成了一个有着较为明显边界的存量市场，所有参与其中的企业必须在这个有限的空间中争夺用户，平均每天42亿小时的上网时长让这个市场的想象空间极度受限。

再深入一层，让我们看看这个存量市场的内部结构。根据统计数据显示，互联网巨头BAT（指百度、阿里巴巴、腾讯三家公司及其生态关联企业）的网络渗透率均超过了80%，意味着每家企业生态都手握超过8亿以上的用户数，而腾讯系和阿里系更厉害，用户渗透率分别达到96.2%和92.7%。字节跳动系虽然成立晚，但后来居上，现在已经攀升到63.1%的用户渗透率，并且还在快速增长。这组数据意味着，我国的互联网市场已经被少数几个巨头牢牢把持，整个市场疆域中游弋着几条大白鲨，除此之外就都是小鱼小虾。这样的市场结构，不但限制想象空间，而且容易造成板结，失去活力。

如何破局？这就需要对当前的数字经济进行面向未来的结构性调整。分析国家层面这些年的政策走向，可以明显看出高层决策者已经对我国数字经济的未来发展格局洞若观火，一系列的重大决策和安排也已经作出。第一个破局点，数字经济的高质量发展离不开数字基础设施的建设，在这个领域的投资可以从根本上扩展数字市场的空间。2020年提出的"新基建"，包括了七大板块，但其中四个板块都是"数据基础设施建设"，涉及5G、大数据中心、工业互联网和人工智能，其他三个板块也和数据应用有着密切的联系。截至2021年年底，我国累计建成的5G基站数量达到142.5万个，占全球总量的60%以上，5G网络已经覆盖所有地级市主城区、超过98%的县城城区和80%的乡镇镇区，5G移动电话用户数超过3.55亿。[①] 如此超前的战略布局，体现了国家对发展数字经济的决心，也为数字市场空间的扩展奠定了基础。

第二个破局点在于数字产品的供给侧结构性改革。过去，

---

① 数据来源：工业和信息化部2022年1月发布的《2021年通信业统计公报》。

数字经济自成体系，游离于传统实体经济之外，互联网平台独自完成用户数据的采集、加工、分析甚至占有，并将数据资源反馈回自己掌控的生态体系进行循环，由此导致各个互联网平台向以"生态"自居，其实质是将数据牢牢掌握在生态内部，也就是肥水不流外人田。而众多小公司想要得到数据，要么栖身巨头生态，要么被巨头收购兼并。这套数据循环体系的终极结局就是所谓的"互联网平台垄断"。此种自成体系的数据生态，对于实体经济的赋能作用有限。虽然国家之前倡导过"互联网+"战略，但具体落地实践的时候走了样，很多时候成了互联网巨头收编实体经济的尚方宝剑。那怎么才能让数字经济与实体经济进行深度融合呢？当中的要害是，数据对实体的"等效孪生"。例如，过去受制于网络速度等原因，远程教育的效果很难媲美线下教学，但随着5G网络的普及，数据传输效率大幅提升、网络延时大幅下降，全息影像就可以在5G网络上承载，这个时候就可以用"全息数字人"来实现教学内容的同质等效。由此，数字技术与传统的教育和培训就有了广阔的融合发展空间。数据不再只服务于流量变现，而是成为实体孪生的载体，所形成的数字产品质量在供给侧得到了结构性提升，用户无须增加上网时长，但同等时长下消费的数字产品质量得以大幅提升。

　　第三个破局点是数字服务贸易。传统上，服务的提供者与消费者是"共时空的"，也就是供需双方不可错位也不能错时。就像你去理发店理发，理发师在提供服务的同时你就在消费。同理，医生提供的手术服务、律师提供的法律咨询服务、教师提供的讲课服务、音乐家提供的音乐会服务等都是这样的场景，所以过去的服务在时间上和空间上是不能分离的。无法时空分离，就无法存储，因而服务很难进行跨国境的贸易，这就是服务的"不可贸易性"。但在有了数字技术的支撑之后，服务业将迎来深刻的变革，病人和医生完全可以不在一起，就能借助5G进行远程诊断甚至远程手术①；律师也无须跟客户同处一室才能提供咨询服务；当然，教师已随时能进行远程直播授课，音乐家也可以举办线上音乐会。再进一步，未来是不是理发师非得在你跟前儿才能给你理发呢？未必！数字服务不但解决了不可贸易的问题，还顺带解决了不可分工的问题。通常，手艺长在人身上，不同的手艺人输出的服务质量也是不同的，

---

① 2019年3月16日上午，华为、中国移动、中国人民解放军总医院联手完成了世界上第一例5G远程人体手术，远在海南的医生为身在北京的患者进行了帕金森病"脑起搏器"的植入手术，手术十分成功。

所以面对同样的服务种类，用户也会点名需要某个特定人提供的服务，这让服务的供给受到了极大限制。数字技术可以整合全世界的手艺人，把他们的在地服务编织进数字空间，成为一个完整的服务产品。这就会让数字服务变得跟制造业一样，在世界各地生产不同的零部件，然后组装成一个完整的产品。①

　　第四个破局点是发挥数据的"知识杠杆"作用。过去那些高度专业化的领域，诞生了大量的能工巧匠，而这些能工巧匠的技艺需要亲身传承，采用的是"师傅带徒弟"的模式。一名有志于掌握某项技艺的人，往往需要入门拜师，跟着师傅吃、住、学艺直到成为熟练的手艺人。这种手艺传承模式效率很低，难以标准化。现在，利用数据技术可以将师傅的手艺解码，并且辅助进行数字化的实景演练，大大提高了手艺传承的效率。更为重要的是，将手艺数据解码之后，再嫁接人工智能技术，就能引发数据正反馈效应——交互越多，数据量越大，知识积累越多，反馈越精准，交互更多。这样的逻辑十分有利于"知识萃取"和知识价值的放大，可以让"知识杠杆"的力

----

① 有关数字服务贸易这部分的内容，建议大家查阅著名经济学家江小涓教授的论述和公开演讲资料，她对中国的经济状况和数字服务贸易有着独到的深刻见解。

量发挥到极致。理论上，只要有一个能工巧匠，那么人人都能成为能工巧匠。

上述四个破局点构成了本书讨论的基本出发点，也是向前探望元宇宙的基础锚点。本书所说的"元宇宙"，其根脉在于数据价值在经济社会中的进一步释放，是以数据为中心的四大破局点实现突破之后的结果呈现，而非放飞想象力的空想乌托邦。

四

想要打破数字经济的界墙，迈入数实共生的元宇宙，需要进一步审视数据的重要性，尤其是数据如何融入商业决策并创生出全新的经济价值。由此，本书对元宇宙的整体理解框架归纳为"一二三"结构——"一"是指元宇宙的"元素"，即"数据"；"二"是指元宇宙的两大基础设施，即"空间"和"身份"；"三"是指在元宇宙中进行价值创造的三大途径，分别是"孪生""数赚"和"布DAO"。

全书内容的展开，建基于如下三个假设前提之上：

第一，数据是当今社会最大的现实，即便还没有达到"万物皆数"的程度，但显然数据化进程尚没有止境。随着可被数据化的事物越来越多，数据为主的比特世界已经与原子为主的实体世界相辅相成、相得益彰，看待数据就是看待现实，分析数据就是思考现实，甚至驱动数据就是在改造现实，数据成为现实的"元素"。

第二，数据将延展空间的内涵和外延。各种扩展现实（Extended Reality，XR）技术已经将人类的具身感知拓展到了更广阔的空间，数实共生的空间环境相互融通，既包括我们过去熟悉的实体空间，也涵盖我们正在接纳的数字空间。未来，我们既不单纯生活在实体空间，也不单纯生活在数字空间；既生活在实体空间，也生活在数字空间；我们真正身处的，是数实共生的"元空间"。

第三，在元空间中，有关身份的认知将会发生根本性变革。过去的身份体系是为了锚定主体，实现主体和身份信息的统一。但随着数据进程的推进，自然人和法人这两类传统的"人"，其身份都有可能展现出多重可能性，一人多身、一身多人，将成为现实。再加上数字替身、数字人、机器人、人体机器（装有智能机器肢体的人）等新"人类"的出现，身份这一帮助确立信任、协调社会关系的机制将面临重大变革机会，重塑主体间关系，衍生出元宇宙社会协作的"元关系"。

上述三个假设前提，勾勒出了元宇宙的基本轮廓：数据元素赋能下的各类主体，在数实共生的元空间中，基于不同的身份发展"元关系"，进行经济价值创造活动。

如何开展价值创造呢？

其一，孪生，是指将现实社会中的一切映射到数字空间。现实社会中的一切是人类花费了数万年创造出来的，本身就凝结了全人类的智慧。但现实中的事物通常会受限于时空的束缚，只能做到"此时此地"，无法实现"此时彼地"，也不能"彼时此地"，从而限制了人类对特定事物的认知。而一旦孪生到数字空间，形成数字孪生体，我们就可以对孪生体进行不受时空限制的观察和改造。一句话，孪生是为了帮助现实事物摆脱时空束缚。更进一步，物理实体可以孪生为数字实体，而数字实体也可以重回物理世界，实现双向孪生，从而数实双生。

其二，数赚，是指如何基于数据基因进行赚钱活动。当数据的价值浮现出来的时候，意味着建基于数据之上的赚钱活动也会发生范式转换。不同于互联网阶段的"流量变现"模式，当我们能够将数据进行身份确认的时候，就可以对数据进行

"直接变现"。由此，只要能够做功，就能产生数据，只要能够产生数据，就能标定数据的身份，只要能够标定身份，就能为数据构建独特价值，只要能够构建独特价值，就能进行直接变现。这样一来，数字空间中的经济活动不再是单纯的雇佣关系牵引，而是参与者以"众玩（Crowd Gaming）"的方式展开，"做功赚钱"成为底层范式。

其三，布DAO，是指数字空间中的经济活动组织方式。尤瓦尔·赫拉利（Yuval Noah Harari）在《人类简史》一书中说，人类之所以能区别于动物，成为万物之王，源于人类可以"一起"想象，编织出种种共同的虚构故事，不管是《圣经》的《创世记》、澳大利亚原住民的"梦世记"，甚至连现代所谓的国家其实也是种想象。这样的虚构故事赋予智人前所未有的能力，让我们得以集结大批人力、灵活合作。[①]去中心化自治组织（Decentralized Autonomous Organization，DAO）就是一种适应于未来数字空间发展的讲故事的方式：一群人受到某个宏伟目标的感召而聚集起来，有钱出钱有力出力，自由参与到一

[①] 尤瓦尔·赫拉利：《人类简史：从动物到上帝》，林俊宏译，中信出版社，2014，第23页。

个完全自治的协作网络当中，并取得回报。这种以"自治"为理想境界的组织方式，给了数字世界中的土著们以无穷的想象空间。当然，地球上的一切都有"重力"，DAO在释放组织能力的同时，也在归于"公司化"。可能，最终长成那个你所讨厌的样子，是一切事物的不归之路，DAO也不例外。DAO公司化、公司DAO化，这两条演化趋势主导了未来的组织变革之路，共同驱动了"互链时代"的价值创造之旅。

铺垫性的工作就到这里。想必读者们已经自己归纳出来了，这本书的主题是"迈向数实共生的元宇宙"，而内容架构是"三元三生"。四方上下曰宇，古往今来曰宙，数据的进击，可谓"空间上无远弗届，时间上如影随形"。

走，和我一起去穿越宇宙之门！

第 1 章

数据

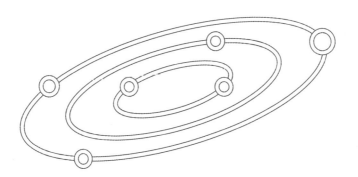

第二次世界大战是一场科学的战争，其结果很大程度上取决于科学研究与技术发展的有效应用，尤其是对数据的掌握和使用。战争伊始，美国陆军航空队的内部管理十分混乱，军事指挥官甚至不知道到底有多少军官、士兵，也不清楚每个士兵都受到过哪些专门训练。在这样的情况下，年仅28岁的查尔斯·桑顿（Charles Thornton）少校临危受命，被阿诺德将军（Henry Harley Arnold）任命为"统计管制处"的负责人。彼时的桑顿，刚刚服役不到一年，没有受过哪怕一天的军事训练，他领到的任务就是搜集有关战争的事实和数据，并根据数据分析结果向军方高层作出决策建议。

　　为了完成这一任务，桑顿前往哈佛商学院，网罗了一批精通统计分析的管理学"神童"，前往陆军航空队担任统计分析军官。这当中，就包括后来大名鼎鼎、官拜国防部部长的罗伯特·麦克纳马拉（Robert S. McNamara）。麦克纳马拉在数学方面有着无与伦比的能力，特别擅长从数据和图表中发掘出事物的本质规律并作出最理性的决策，很快成为了桑顿的得力干

将。之后，桑顿把这些统计管制处的军官们派驻到全球各地的
指挥中心，专门搜集人员和装备的资料和数据，并把它们变成
有意义的内参报告，这些报告通过一个平行独立的指挥体系，
源源不断地流进陆军航空队总部。每天早上，都有一份最新统
计报告呈送到阿诺德将军的办公桌上，详细指出几千架飞机、
地勤人员、成千上万的零部件、数十亿加仑燃料等人员和物资
的确切数目和所在地点，这些数据和报表成为统计管制处的业
务生命线。

在战争后期，桑顿的报告成了战争决策的权威依据，甚至
直接改变军力部署。战争快要结束时，美国计划把欧洲的B-17
和B-24轰炸机移防到太平洋，准备对日本发动最后的打击。但
桑顿提出了一份令人震惊的分析报告，提议应该使用较新型的
B-29轰炸机。他用数据证明，B-29轰炸机每个月只需要1.5万
小时的战斗，就能投下2.8万吨的炸弹；而B-17和B-24轰炸机
群要达成同样的目标，必须花上9万小时。同时，B-29轰炸机
可以减少70%的机员伤亡和失踪，每年也可以节省2.5亿加仑
的燃料。最终陆军航空队接受了桑顿的建议，中止了移防计
划，不再调派欧洲的重型轰炸机群。

截至"二战"结束时，桑顿手下有3000多名在哈佛商学院

受过培训的优秀军官，还有 1.5 万名后勤人员听他指挥调度，统计管制处有 66 个遍布全球的驻外单位，拥有全球最大的中央控制计算机设备和独立电传系统。这个部门就像一部巨大的分析思考机器，当时被称为"有史以来人类所经营过的最庞大的全球性运作"。而桑顿在军中掌握的实际大权，甚至让他获得了"拿破仑再世"的称号。

　　1945 年，"二战"结束后，桑顿说服小亨利·福特（福特二世），带领统计管制处的另外九位数据精英，集体加入了濒临崩溃边缘的福特公司，受聘在福特公司继续从事统计分析控制工作，以扭转惨败的经营局面。这十个人中最突出的就是麦克纳马拉。[①] 在福特公司期间，麦克纳马拉把数字分析部门变成了福特公司中最有权力的机构，并且把数字信仰变成了一种新宗教，他被朋友称为"人类电脑"，也有人称他为"顶尖的数字人种"。他认为，只要是事实，就可以量化，凡是不能量

---

① 麦克纳马拉随桑顿加入福特公司时才 29 岁，却在激烈的竞争中迅速脱颖而出，最终当上了福特公司的总裁，这是福特公司历史上第一位非福特家族成员的总裁。之后，麦克纳马拉更是攀上了人生的最高峰，应美国总统肯尼迪的邀请，出任美国国防部部长。在担任国防部部长的 7 年时间里，麦克纳马拉是华盛顿公认的仅次于总统的二号人物。卸任国防部部长后，麦克纳马拉还当了 13 年世界银行总裁。

化的事情就不是事实。由此，麦克纳马拉治下的财务部门，其工作职能不再仅限于审计、会计、现金管理等传统业务领域，而是全面评估公司所有业务的成本、价格和利润。公司所有的长期规划、重大投资、经销与维修制度的数字模拟，都必须倚重财务分析；对于公司的每一个重大活动，财务部门都需要进行数据化诠释、评估甚至批评，定期提出报告。这种将数据作为最高权威的管理模式，被《纽约时报》的一位记者称为"太空时代的管理方法"。

这场以数据分析、市场导向，以及强调效率和管理控制为特征的管理变革，使得福特公司摆脱了老福特经验管理的禁锢，从低迷不振中重整旗鼓，扭亏为盈，再现当年的辉煌。这十位精英获得了"蓝血十杰"①的称号，人们将他们称为美国现代企业管理的奠基者。华为公司也把管理体系中的最高荣誉奖命名为"蓝血十杰"奖。"蓝血十杰"对汽车本身一窍不通，但他们却依靠数据不断拷问各个部门的利润、成本、库存、盈

---

① "蓝血（Blue Blood）"，是一个源自古老西班牙王室的话题，后来经常用来表示高贵、纯正的欧洲贵族。古老的西班牙卡斯蒂利亚贵族宣称自己的血统最为高贵、纯正，他们经常自豪地挽起袖管，展示自己雪白小臂上清晰可见的蓝色静脉血管，称之为"蓝血"。

亏和预算，继而构建数据模型，找出优化策略。"蓝血十杰"
信仰数字，从每一个零件和产品中压榨利润，最终建立了至今
继续影响我们这个世界的财务管理体系、成本控制模式，成功
引领福特公司完成了从传统企业向现代企业的跨时代转变，而
这个"现代"，就是数据价值在管理领域中得以释放的自然结
果。所以从这个角度上来讲，这是一场数据与经验的对决，而
管理"现代性"的体现，就来自于将数据引入了经营和管理，
树立起"数据权威"。

一

　　"蓝血十杰"的数据化管理冒险，不但让福特公司扭亏为
盈，还让北美尤其是美国的企业界越来越相信数据的价值，人
们迫切需要能够收集、存储、管理和分析数据的工具。这种对
数据处理的需求引发了计算机和软件产业在20世纪后半叶的迅
猛发展，计算机不再只是数学工具，而是转变为电子数据处理
的设备。计算机用于计算，计算是对数据的操作，数据则是对
真实世界的客观描述，因而当我们使用计算机的时候，实际上
就是在和数据打交道，在和这个真实的客观世界打交道。

　　那么，数据是如何与真实世界建立起联系来的呢？这就需要完成一些变换，即从数据抽象出信息，再从信息过滤出知识，最后知识转变为智慧。具体来说，数据是用来承载信息的载体，而信息是数据加上特定场景与应用之后产生的含义。举个例子来讲，38.6是个数据，如果这个数据加上人体这个场景后，并落实到温度测量应用上，那么38.6就是一个信息，这个信息表明的含义是某个人体此时的温度。信息经过滤后会产生知识。针对38.6这个人体温度的信息，我们用"人体正常温度为37摄氏度上下"这个标准来过滤之后，就能得出"这个人发烧"这样的结论，这就是从信息到知识的转换。信息是客观存在的，而知识需要人类的经验。比如，人体的温度打从有了人类就一直存在，但过去并没有用来衡量"发烧"与否，直到人类在经验积累的基础上知道了正常体温为37摄氏度上下之后，才能用这个过滤条件来产生有关"发烧"的知识。所以知识是经人类主动筛选之后的信息沉淀。那什么是智慧呢？智慧就是在知识的基础上添加人的行动，比如当我们知道发烧的时候，就会吃退烧药或者采取物理方式降温，这就是智慧的体现。

　　由此可见，虽然我们可以将现实世界中的事物和现象以数据的形式存储到数字空间当中，但那些真正对人类有意义的信

息、知识和智慧，是不会自动从数据中迸发出来的，需要进行
大量的人为操作，才能让数据产生价值，进而将数字空间的数
据与现实世界中的人类活动紧密融为一体。这就首先需要对数
据进行有秩序的存储和调用，也就是进行数据管理。

二

　　进行数据管理的主要工具是数据库。伴随着数据量的迅猛
增长，传统的文件系统难以应对数据增长的挑战，也无法满足
多用户共享数据和快速检索数据的需求。在这样的背景下，数
据库的概念在 20 世纪 60 年代诞生了，先后出现了网状数据模
型（Network Data Model）、层次数据模型（Hierarchical Data
Model）和关系数据模型（Relational Data Model）等三种数据
结构，每一种结构都体现了数据之间联系的不同表达方式。

　　网状数据库诞生于 1964 年，通用电气公司（GE）开发出了
世界上第一个数据库系统——集成数据存储（Integrated Data
Storage，IDS），采用网状数据结构，奠定了数据库发展的基础，
在当时得到了广泛的应用，直到 20 世纪 70 年代末和 80 年代初，
网状数据库都十分流行，在数据库系统产品中占据主导地位。

　　紧随网状数据库之后出现的是层次数据库，其数据模型是层次数据模型，即使用树结构来描述实体及其之间关系的数据模型。在这种结构中，每一个记录类型都用节点来表示，记录类型之间的联系则用节点之间的有向线段来表示。每一个子节点只能有一个父节点，但每一个父节点可以有多个子节点。这种结构决定了采用层次数据模型作为数据组织方式的层次数据库只能处理一对多的实体关系。典型的代表是IBM公司在1968年开发的信息管理系统（Information Management System，IMS），这是第一个大型商用的数据库系统。

　　虽然对于数据的集中存储、管理和共享的问题，网状数据库和层次数据库都给出了较好的解答，但在数据独立性和抽象级别上仍有很大缺陷。为了解决这些问题，关系数据库应运而生。1970年，IBM研究员埃德加·科德（Edgar Frank Codd）在《美国计算机学会会刊》（*Communication of the ACM*）杂志上发表了《大型共享数据库的关系数据模型》（"A Relational Model of Data for Large Shared Data Banks"）一文，首次提出了关系数据模型的概念，奠定了关系数据模型的理论基础，这篇论文的发表是数据库发展史上具有划时代意义的里程碑事件。随后，科德又陆续发表了多篇文章，论述了关系数据库的范式，用关系代数理论奠定了关系数据库的基础，为关系数据库建立了一个数据模型——关系数据模型。

关系数据模型的概念简单明了、结构特别灵活，具有坚实的数学理论基础，能满足所有布尔逻辑运算和集合运算规则形成的查询要求，还可以搜索、比较和组合不同类型的数据。此外，使用关系数据模型进行数据增加和删除等操作非常方便，且数据具有较高的独立性和更好的安全保密性，所以一经推出就受到了学术界和产业界的高度重视和积极响应，很快成为数据库市场的主流。直到今天，关系数据库仍然在数据库领域占据着重要的地位，应用范围十分广泛。

可惜的是，虽然关系数据库的思想诞生于IBM，而且这家公司1973年就启动了System R项目来研究关系型数据库的实际可行性，但IBM此前的层次数据库IMS发展得相当不错，所以在这个新发展方向上的投入有些犹豫不决，给后来者留下了巨大的空间。1977年6月，拉里·埃里森（Larry Ellison）、鲍勃·米纳（Bob Miner）和奥茨（Ed Oates）在硅谷共同创办了一家名为"软件开发实验室"（Software Development Laboratories，SDL）的公司，开始策划构建可以商用的关系型数据库管理系统。1979年，SDL干脆更名为关系软件有限公司（Relational Software，Inc.，

RSI）。1983年，为了突出公司的核心产品，RSI再次更名为Oracle（Oracle Systems Corporation）——这就是大名鼎鼎的甲骨文公司。

　　如今的甲骨文公司，已经成为关系数据库的代名词，是仅次于微软的世界第二大软件公司，几乎世界上的所有行业都在使用甲骨文公司提供的数据库技术。我曾多次造访甲骨文公司位于加利福尼亚红木城（Redwood City）的总部办公区，优美的环境中坐落着6栋玻璃幕墙构成的圆柱形大厦，外形看起来就像数据库的标志。数据库外形的办公楼环绕在一个巨大的人工湖的周围，而这个湖里安静地停放着拉里·埃里森的那艘传奇大玩具——夺得2013年美洲杯冠军的帆船。

　　言归正传，网状数据模型、层次数据模型、关系数据模型基本上代表了20世纪人们存储和处理数据的主要方式。但在具体实践上，这三种方式均采用集中式的数据存储方式，也就是要求将所有的数据都存储在一个地方。这种集中式的方式虽然提高了数据调用的响应速度，但也会带来很多问题。打个比方，数据库相当于火车头，数据相当于车厢。传统做法遵循的逻辑是"火车跑得快，全靠车头带"，数据量越大挂接在后面的车厢就越多。总有一天，车厢就会多到火车头拉不动的程度，解决方法是进一步增加火车头的动力。但问题在于，当挂接车厢的速度远远快于火车头动力增长速度的时候，整个系统就瘫痪了。而且，因为车厢数量的增多，整列火车的灵活性会大幅度下降。更要命的是，一旦火车头出现故障，整列火车就无法运行了。针对这种情况，现实的出路是让每节车厢都具备动力系统，这样一来，自带动力系统的车厢就可以灵活组合，而且不会产生车厢数量增多就动力枯竭的情况。即便某节车厢出现故障，也不影响其他车厢的运行。这种思想，就是分布式数据库的理念。

进入大数据和移动互联时代之后，因为数据的特性和应用场景的变化，注定所有数据库都要朝着分布式的方向发展。但是分布式数据库也有一些问题，最突出的就是在节点之间进行数据通信会花费大量时间。此外，数据存取效率、数据的安全性和保密性等方面在众多节点之间也会受到威胁。一种解决方案是搭建"云数据库"，也就是将数据库部署和虚拟化在云计算环境下，通过计算机网络提供数据管理服务。云数据库可以共享基础架构，从而大大增强了数据库的存储能力，消除了人员、硬件、软件的重复配置，用户只需要通过付费的方式就能获取数据库服务。不同于传统数据库，云数据库通过计算存储分离、存储在线扩容、计算弹性伸缩来提升数据库的可用性和可靠性。

以数据库系统为代表的信息系统的建立和运行，使人类从繁杂的重复性数据劳动中解放出来，大大提高了商业效率。但这些信息系统都是针对特定的业务过程、处理离散事务的运营式系统。数据在其中的作用，是连接贯穿一个个商务流程的记录，数据不断累积的结果仅仅限于查询，而不是分析。怎样从商务流程的数据记录中提取对决策过程有参考价值的信息，从而服务于更好的商务决策呢？这个需求，在数据库发展的同时变得更加迫切。

三

进入 21 世纪后，互联网使得可用的数据量剧增。据估计，人类社会在最近两年创造出了有史以来一半以上的数据量；而最近五年创造的数据量，能够占到人类有史以来数据总量的 90% 以上。尤其是在人工智能技术引入之后，数据增长速度进一步加快。2010 年到 2020 年，人工智能的计算量每 3～4 个月翻一倍，比起摩尔定律的每两年翻一番，人工智能的算力增速快了将近 10 倍。可见，数据正以指数级的速度在增长。面对如此剧烈增长的数据浪潮，如何借助数据发掘有用信息并最终用于指导人类决策，成了一个十分重要的问题。一系列的数据分析方法应运而生，体现了从数据到信息应用，再到知识发现，然后是智慧操作的发展演变。

　　首要的问题是，如何有机聚合和使用各个系统产生的数据？1971年，麻省理工学院的研究人员迈克尔·斯科特（Michael S. Scott）和彼得·基恩（Peter G.W. Keen）首次提出了决策支持系统（Decision-making Support System，DSS）的概念，强调为了更好地发挥信息对于决策的支持价值，组织有必要采用单独的数据存储结构和设计方法，以使决策支持系统和运营系统分开。如此一来，服务于企业管理指挥的决策支持系统获得了独立性。这个时候，支撑决策支持系统运转的魔法，是一种被称作"联机分析（Online Analysis Processing，OLAP）"的数据引擎，也称多维分析，本意是把分立的数据库"相联"，进行多维度的分析。"维"是联机分析的核心概念，指的是人们观察数据的特定角度，举个例子，沃尔玛要分析销售量，可以按地区国别分析、时间序列分析、商品门类分析，也可以按供货渠道分析、客户群分析，这些不同的分析角度就叫作"维"。实质上，每一个"维"，就是一个观察数据的场景或应用，而多维分析就是将数据映射到特定场景和应用上以便产生有价值的信息的过程。

　　其实，早在20世纪60年代，决策支持系统的先行者就开始探索多维分析的方法。1970年，第一个多维分析产品就已经面世。它通过一个复杂的、中介性的"数据综合引擎"，把分布在不同系统的数据库连接起来，实现了多维分析，因而得名"联机分析"。1994年，发明关系数据库的埃德加·科德再立新功，立足数据仓库的新基础，详尽地阐述了构建联机分析的十二条原则。同时，因为有了数据仓库，多维分析的实现已经不再需要不同数据库之间的人为联机，因此，他将该项技术更形象地命名为"多维分析"。

　　多维分析的动人之处在于，用户可以根据自己的具体场景和应用需要创建"万维"动态报表。报表，一直是将数据转化为信息和知识最主要的手段之一。在多维分析技术出现之前，报表是由软件开发人员事先定制的，基于一到两个维度的分析，是简单报表；交叉的维度越多，报表就越复杂，而且不同维度的组合将产生不同的报表，IT（信息技术）部门无法全部定制。因此，当时的报表是静态的、固定的、残缺的，怎么也满足不了决策分析的全部需要。

　　多维分析技术预先为用户创建多维的数据立方体（Cube），

一旦多维立方体建模完成，用户可以快速地从各个分析维度获取数据，也可以动态地在各个维度之间来回切换或者进行多维度的综合分析。通过从不同的维度、不同的颗粒度、立体地对数据进行分析，从而获得有严密推证关系的信息。正是因为数据仓库的出现，多维分析找到了真正的用武之地。任何复杂的报表都可以通过鼠标的点击拖拉在瞬间从用户的指间弹出，如玲珑剔透的水晶体，数据尽在手中。

多维分析加速了数据向信息的转换，但要获得"知识"还需要进行"知识发现"。所谓知识发现（Knowledge Discovery in Database，KDD），泛指所有从源数据中发掘模式或联系的方法。注意，"模式"和"联系"这两个词汇，已经意味着人类经验的参与，而这正是从信息向知识转换的关键桥梁。进行知识发现的主要方法是数据挖掘（Data Mining），指从海量数据中揭示出隐含的、先前未知的并有潜在价值的信息和知识的过程。

顾名思义，数据挖掘就是将数据比作矿山、将算法比作冶炼技术，而提炼出来的金属就是信息或者知识。从这个意义上讲，数据挖掘的出现是为了应对"数据十分丰富，而信息相当贫乏"这一困境的。有关数据挖掘的典型案例是"啤酒和尿布"的故事，说的是沃尔玛超市的管理人员在分析销售数据的时候发现了一个有趣的现象——啤酒和尿布这两件看上去毫无关联的商品却经常出现在一个购物篮中。经过后续调查发现，原来这种现象经常出现在年轻父亲身上，他们在购买尿布的同时，会顺便给自己购买啤酒，如果在超市里只能买到其中一样，那么他们往往会放弃购买。这一发现促使沃尔玛超市尝试将啤酒和尿布摆放在一个区域，让年轻的父亲可以同时找到这两件商品，并很快完成购物，实现了销售的增长。

　　"啤酒和尿布"的故事，生动地说明了通过对历史数据的挖掘可以帮助企业实现商业奇迹。但数据挖掘的弊端在于，"模式"和"联系"的发现，并不能够自动转化为行动的指引。就如"啤酒和尿布"的故事所表明的，如果管理人员没有基于数据分析发现的模式——啤酒和尿布共同出现在购物篮——去进行实际的调查研究的话，那么沃尔玛就没法洞察到"年轻父亲"这类顾客的购买行为。显然，我们需要更具知识洞察能力的数据分析方法。[1]

---

[1] 在数据如何引发商业和社会变革方面，毕业于卡内基梅隆大学、曾担任阿里巴巴副总裁的涂子沛先生是活跃的思想贡献者，其著作《大数据》（2012）、《数据之巅》（2014）、《数文明》（2018）、《数商》（2020）等值得对数据思想感兴趣者阅读学习。

四

　　历史上，计算机通过用确定性算法编程来执行任务，这些程序详细说明了必须执行的每一个步骤。这在很多情况下运作良好，比如从执行复杂的计算到击败国际象棋大师。但在无法提供明确算法的情况下，比如自动驾驶、识别面部表情，或者回答非常规问题等，传统计算机的表现并不理想，而人类却可以驾轻就熟。人类处理这类高层次的感知和认知问题，主要依靠大脑皮质里面的神经网络。那么，有没有可能让计算机直接模仿神经网络，来获得像人脑一样的认知能力呢？2006 年，受杰弗里·辛顿（Geoffrey Hinton）的革命性的深度信念网络（Deep Belief Networks，DBNs）的引导，杰弗里·辛顿、约书亚·本吉奥（Yoshua Bengio）、马克·奥雷里奥·兰扎托（Marc'Aurelio Ranzato）与杨立昆（Yann LeCun）的三篇文章将深度学习（Deep Learning）带入热潮，将其从边缘学科变为主流科学与技术。

　　深度学习是从数据中学习，就像婴儿了解周围的世界那样，从睁开眼睛开始，慢慢获得驾驭新环境所需的技能。2005

年，在美国国防部高级研究计划局（DARPA）举办的自动驾驶挑战赛中，一辆由斯坦福大学教授塞巴斯蒂安·特龙（Sebastian Thrun）领导其团队开发的自动驾驶汽车Stanley最终赢得了200万美元的现金大奖，背后的功臣正是该团队使用的深度学习算法。特龙团队在训练自动驾驶汽车的时候，并没有遵循传统的方法，即通过编写计算机程序来应付各种偶发事件，而是直接在沙漠中驾驶Stanley，让汽车根据视觉和距离传感器的感应输入，从零开始学习如何像人一样驾驶。要达到这种"类人"的学习效果，就需要构建神经网络——大量的、简单的处理单元（神经元）广泛地互相连接而形成的复杂网络系统，具备大规模并行、分布式存储和处理、自组织、自适应和自学习的能力，借以表达实际物理世界中的各种现象。

特龙后来加入了谷歌，参与创立了谷歌高科技项目重点实验室Google X，并进一步研究自动驾驶汽车，帮助谷歌奠定了其在自动驾驶领域的全球领先地位。自动驾驶汽车和增强现实（Augmented Reality，AR）眼镜是Google X最著名的两个项目，但作为谷歌最神秘的部门，这里的研究远不止于此——早在2012年前，他们就成立了专门的团队，模拟人脑的运行方式。为了研究深度学习，谷歌的科学家将1.6万片电脑处理器连接起来，创造了全球最大的神经网络之一。它不需要借助大批研究人员帮助电脑标明事物之间的差异，只要为算法提供海量的数据，"神经元"与"神经元"之间的关系就会发生变化，让数据自己说话。组成"神经网络"的机器具备自动学习、识别数据的能力，在新的输入中找出与学到的概念对应的部分，达到识别的效果。在看过数百万张图片后，谷歌的虚拟大脑将自己构建出一张理想的猫的图片，利用不同层级的存储单元成功提炼出猫的基本特性。有科学家认为，这似乎是在控制论层面模拟了人类大脑视觉皮层的运作方式。

2016 年年初，AlphaGo 战胜李世石成为人工智能的里程碑事件，其核心技术深度强化学习（Deep Reinforcement Learning）受到人们的广泛关注和研究，取得了丰硕的理论和应用成果。而进一步研发出算法形式更为简洁的 AlphaGo Zero，其采用完全不基于人类经验的自学习算法完胜 AlphaGo，再一次刷新了人们对深度强化学习的认知。强化学习是一种人工智能方法，能使计算机在没有明确指导的情况下像人一样自主学习。如今，强化学习正在迅速发展，并逐步将人工智能渗透到除了游戏之外的各个领域。除了能够提升自动驾驶汽车性能，该技术还能让机器人领会并掌握以前从未训练过的技能。

近年来，深度学习技术被证明是一种用来识别数据模式的极其高效的方式。在国内，以科大讯飞为例，这家公司已经针对强化学习在多个方向展开了研究和应用，包括人机对话系统、智能客服系统、机器辅助驾驶、机器人控制等方向。例如，在传统的任务完成型对话系统中，用户需要在一次交互过程中把自己的需求描述清楚，这样的交互是不自然的。在科大讯飞的AIUI交互系统框架中，引入了多轮交互的思想，由一个深度强化学习（马尔库夫决策过程）模型来引导用户输入需求，从而快速、自然流畅地完成用户任务。同时，许多工业机器人制造商也将目光投向了强化学习技术，测试该技术在无手工编程情况下训练机器执行新任务的效果。

2014年，伊恩·古德费洛（Ian Goodfellow）等人发表论文，提出了新型生成对抗网络（Generative Adversarial Networks，GAN）①，它受启发于博弈论中零和博弈的思想，包含两个模块：判别模型和生成模型，二者不断博弈，使生成器学习真实的数据分布，而判别模型的目的是尽量正确判别输入数据是来

---

① Goodfellow I. J. , Pouget-Abadie J. , Mirza M. , et al. Generative adversarial nets [C]// International Conference on Neural Information Processing Systems. MIT Press, 2014:2672-2680.

自真实数据还是来自生成器。为了取得游戏胜利，这两个游戏参与者需要不断优化，各自提高自己的生成能力和判别能力，这个学习优化过程就是寻找二者之间的一个纳什均衡。伊恩发明出 GAN 后，获得脸书（Facebook）首席人工智能科学家杨立昆、英伟达（NVIDIA）创办人黄仁勋、LANDING.AI 创办人吴恩达等大咖的赞赏，吸引了诸多的机构及企业开始研究。在中国，部分学术机构致力于研究 GAN 理论的进一步改良及优化，比如中科院自动化所研究人员受人类视觉识别过程启发，提出了双路径 GAN（TP-GAN），用于正面人脸图像合成，而香港中大—商汤科技联合实验室在国际学术大会上发表多项 GAN 相关研究成果。

GAN 具有大量的实际用例，如图像生成、艺术品生成、音乐生成和视频生成。此外，它还可以完成提高图像质量、图像风格化或着色、面部生成以及其他更多有趣的任务。目前，GAN 已被用于创造听起来十分真实的语音，以及看起来非常逼真的假图片。这项技术已经成为了在过去十年最具潜力的人工智能的突破，帮助机器产生甚至可以欺骗人类的成果。未来，GAN 可能对计算机图形学产生冲击或挑战，因为目前已经有各种变体或进阶版出现，而且在诸多研究人员及企业的投入下仍然有许多可能性，例如从二维的图片进展到三维的视频等。

　　总结一下，数据之所以能够融入现实，在于数据可以转化为信息，而信息又可以萃取出知识，知识进而提升为智慧（或者智能），之后促发智能指导下的人类行动。反过来，人类行动又产生了更多的数据，形成了周而复始的循环。本节阐述了这一过程是如何完成的，以及伴随这一过程的数据存储和数据分析的大致演进——从数据库到决策支持系统再到多维分析，然后发展到数据挖掘、深度学习，及至当前方兴未艾的对抗生成网络，当中的核心主线只有一条——数据价值在被持续放大。

　　那么，数据怎么变成钱呢？让我们来看看数据创富的逻辑。

五

　　数据创造财富的浪潮是由21世纪以来的互联网公司推动的。可以毫不犹豫地讲，没有数据，所有的互联网公司都将一文不值。正是对用户数据永不停息地收集和利用，才让互联网公司集体掌握了数据时代最宝贵的资产，从而创造出了惊人的财富。

在《蝶变》系列的第二部《蝶变：数字商业进化之道》一书中，我曾详细分析过谷歌公司是如何利用数据算法成为"自动印钞机"的。这里，我们再用另外一家著名的美国互联网公司作为案例，讨论一下如何利用数据创造财富。这家公司大家都很熟悉——脸书（Facebook），2021年刚刚改了个名字叫"Meta"，很多人戏称从"脸书"变成"面瘫"了。

闲话少说，言归正传。如果说谷歌公司是一台自动印钞机的话，那么脸书就是覆盖全球的"数据中央银行"。这家创办于2004年2月的社交网站，如今已经发展成了拥有30亿用户的超级王国，月度活跃用户超过20亿人。这还是在无缘中国这个人口大国市场的情况下取得的数据。可以说，世界上三分之一以上的人口，都是这个数字巨兽的数字劳工——为脸书无偿提供各类数据。[①]

---

① 克里斯蒂安·福克斯（Christian Fuchs）在其2014年出版的著作《数字劳动和卡尔·马克思》一书中首次提出了"数字劳工"的说法。根据书中的估算，脸书2011年的利润率高达50%，其中大部分来自其用户的无偿劳动，这种行为，无异于一种极端形式的剥削。

拥有巨大用户量的脸书公司，是如何将用户转化成收入的呢？首先，脸书这样的互联网公司面向用户提供了大量的免费服务，从而吸引用户入驻。但在使用这个社交平台的应用时，用户的数据将被同步留存。点赞、发帖、上传内容，甚至仅仅是登录一下，用户都在以非物质劳动力（Immaterial Labor）的形式为脸书工作。如果每个用户平均每天在脸书上花费了20分钟，那么30亿用户相当于每天为这家公司贡献了10亿小时的无薪工时。从这个意义上来讲，用户在享受脸书提供的免费服务的同时，也就成了脸书的数字劳工。

作为数字劳工，用户主要为脸书贡献了三大类的数据产出。第一类是用户的行为数据，包括登录行为（何时、何地登录）、使用行为（浏览、点赞、分享、评论、上传内容和内容互动等）。第二类是用户的个人主页信息，即注册时提供的基本资料和背景信息，当然脸书并不重视这些个人提供的资料，因为他们知道人们在公众面前描述自己时，往往不完全诚实，所以脸书更重视的是用户的行为和每一步动作。第三类是设备记录下来的用户数据足迹，包括网页浏览记录、地理位置信息、设备操作数据等，由于这些数据主要通过用户使用的设备来收集，所以脸书会推出不同类型和不同版本的应用软件，以扩大数据收集覆盖的设备范围。比如，既有适合于PC（个人计算机）端的应用软件，也有鼓励用户在手机上安装的版本（如WhatsApp、Messenger、Instagram等），甚至还有一些适合于电视等大屏和虚拟现实（Virtual Reality，VR）设备的应用软件（如Horizon Worlds）。当用户在各种设备上安装了这些应用程序，就授予了这些程序一系列的许可去获取设备上几乎所有的数据，这个数据量是巨大的。

更为重要的是，即使你没有使用脸书，甚至都未注册过任何账号，脸书仍然可以通过某种方法跟踪到你。脸书会将一种特殊的cookie（网络追踪器）植入访问过其页面的互联网用户的设备上，即使他们未曾注册或登录过脸书账号，这种cookie也能够在用户的设备上保存两年之久，并在用户访问脸书页面或任何含有"Facebook"按钮的页面时，对其进行浏览行为的分析。更何况，脸书旗下还拥有很多家公司，同时也与别家公司拥有伙伴关系，出于商业目的进行着数据交易。这些公司有能力收集巨量的数据，也有能力通过买卖数据和交叉比对进行数据分析。

其次，脸书搭建了分析处理用户数据的算法工厂。根据脸书披露的专利信息，用户的数据库主要有三类：动作库、内容库、联结库。动作库维护的是用户动作的数据，如一次点赞或上传；内容库存储了各种内容对象，如一张图片或一条评论；联结库存储着描述用户与其他对象间联系的数据，如一个用户对一条推送的转发。这三类数据库构成了脸书数据工厂的基本建筑，源源不断地喂养着脸书的社交图谱，社交图谱连接起所有的节点和关系，纳入一个总体系统中。

　　再次，脸书将用户数据以不同的方式卖给广告主。一些用户的主页信息卖得比另一些用户贵，一些地区的数据卖得比另一些地区贵。脸书的广告产品可以定位到精确的个体而非模糊的群体，也正因为这样，买卖变得可以个性化量身定制。如何对用户群进行分类呢？目标定位的途径有很多，比如基于人际关系、人口统计资料、用户兴趣和行为模式等，而这些都来自对用户数据的处理和分析。基于动作的目标定位主要采用的是模糊匹配算法（Fuzzy Matching Algorithm），根据用户的动作喜好和广告的概念来进行模糊匹配；基于内容的定位通过话题和关键词提取，并根据最高位的排序来精准定义内容，进而匹配出投放给用户的广告；基于社会关系的定位根据相似的属性对用户进行分群，并根据种子用户的属性对其投放广告和定制内容，进而去影响这些种子用户所辐射的次级用户。在算法工厂的帮助下，脸书的广告推广做到了"千人千面"甚至"一人千面"，让社交流量源源不断地转化成了广告收入。

最后，脸书不断通过兼并收购的方式来扩展生态系统的范畴。一方面，被兼并收购的公司可以通过脸书获得"流量赋能"以加快自身用户和业务增长速度，从而进一步扩展数据基础；另一方面，越来越庞大的生态构成，让数据可以进行生态圈内更大范围的流转，即同样的数据可以在多种场景下被重复利用，进一步提升了数据的价值层次。如此一来，收购得越多，产生的数据越丰富，数据越丰富价值越高，价值越高收入越多，收入越多越有钱，越有钱越有能力收购。这就是互联网公司都深谙其道的"生态逻辑"，也是其短时间内成为巨无霸甚至构成垄断的根本动力。

值得注意的是，脸书拥有"连接全世界"的技术支撑，创造了社交关系链与信息流相结合的媒介环境，社交链和信息流共筑了"信息茧房"。正如麦克卢汉所说，"媒介即讯息"，脸书塑造的媒介形式远比内容重要，社交平台为人们的人际关系和信息来源引入新的尺度和模式，社交关系决定了信息接触，而信息接触又影响着社交关系的拓展。可见，脸书通过创造更封闭、更加感性的社交环境，规训人们的社交方式和网络行为，以一种隐秘的方式加固社交平台的权力结构，沉溺其中的用户很难意识到平台掌控数据信息、引导个人思维以及影响社会运作。

对于一个人类传播史上前所未有的超级信息平台来说，脸书所聚集的庞大数据用户既可以为其带来不可估量的财富，也足以让它成为权力的触角，深入到世界每一个角落和人类生活的方方面面。近些年来，学界和业界关于"Facebook正在吞噬世界"的警告不绝于耳。首先，脸书"吞噬"了传统新闻业，如今全球有超过40%的成年人依靠脸书等社交平台获取新闻，其庞大的受众覆盖面足以让传统媒体对其俯首称臣。更重要的是，脸书不但提供新闻服务，还借助不透明的算法充当着全球新闻和舆论的"守门人"角色，操纵着公众的"议程设置"和"认知框架"。在新闻业之外，金融系统、政治选举、娱乐和零售业也没能逃脱它的干预，连政府核心部门和安保系统也有被渗透的危险——"Facebook正在吞噬世界"并非危言耸听。

这里用脸书来举个例子，但背后的逻辑体系并非脸书独有，甚至是所有互联网公司实现增长和盈利的"标配"。读者可以自行推论，看看中国的那些所谓互联网巨头是不是也在走着同样的道路。

本章小结

人类将数据引入大规模商业活动的历史并不算长。但在计算机诞生之后，数据侵入商业现实的脚步就不曾停止，而且越来越快。"数据凝视"已经成为当今社会的主流视角，人们的一行一动都离不开数据的支撑。

从数据思维引入战争和商业，到数据挖掘带来全新的商业洞见，再到人工智能技术大幅提升数据生产和使用的范围及效率，近百年的社会发展史，同时也是数据进化史。进入21世纪之后，以互联网为代表的数字企业，结结实实地向我们演绎了利用数据轻松创造财富的方法，但也带来了"数据剥削"这样的现实问题。

是时候探索全新的"空间"了。

第 2 章

空间

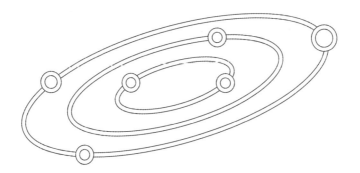

公元366年，一名僧人云游到了敦煌鸣沙山。他叫乐尊，戒行清虚，执心恬静，手持一支锡杖，云游四野。当乐尊到达鸣沙山之时，天色近晚，举目寻找栖宿之地，却在峰头四顾之时，"忽见金光，状有千佛"。乐尊见此圣境，十分激动，当即跪地朗声发愿，要在此地造窟修行，使它成为圣地。

不久之后，乐尊在一片断崖上"造窟一龛"。窟很小，刚好能坐下一人，乐尊日日在窟中打坐修行，两腿一盘，双掌合十，远远看去仿若挂在岩壁上的一座佛龛。受到乐尊的感召，越来越多的僧人来到敦煌，开始在莫高窟的岩壁上开凿更多的洞窟，引得远近信士纷纷前来朝拜。很快，开窟的目的就不再是打坐修行了，而是供养佛像，再往后就演变成了家族造窟修功德。千百年来，达官显贵、僧侣信徒甚至平民百姓，或者独筑，或者合资，将自己的信仰和愿望混合进了工匠斧凿的叮当声，幻化成了洞窟中永久的文化符号。如今莫高窟1680米的断崖上，密布着735个神秘洞窟，窟中存有2415尊泥质彩塑、4.5万平方米的壁画，以及5万多部珍贵典籍，是世界上现存规模最大、内容最为丰富的佛教艺术之地。

　　莫高窟工匠们的"凿窟"壮举，是将"脑之所想"投射到"身之所在"的一种方式。其实质，是将大脑中的意识构造在现实空间中的洞窟里予以具像化。不同于其他生物，人类的独特之处在于能够有意识地改造周围的世界，我们现在居住的高楼大厦、走过的道路桥梁，甚至是你正在捧读的这本书，无一不是"脑之所想"的产物。我们不但有能力在现实世界创建事物，我们还会在虚拟世界里创建东西，当然，我们还会直接创建虚拟空间。在当下对元宇宙的讨论中，大多将虚拟现实技术作为核心议题，甚至很多人都将元宇宙直接当成了借助虚拟现实技术创建出来的虚拟空间，这显然是有失偏颇的。

一

　　1990年，世界著名科学家、两弹一星功勋奖章获得者钱学森先生对虚拟现实技术有过一番深刻的洞见。在给汪成为的信中，钱学森建议将"Virtual Reality"的中文翻译为"灵境"，他在信中写道："我对灵境技术及多媒体的兴趣在于它能大大拓展人脑的知觉，因而使人进入前所未有的新天地，新的历史时代要开始了！"他认为，"灵境技术是继计算机技术革命之后的又一项技术革命。它将引发一系列震撼全世界的变革，一定是人类历史中的大事"。注意，钱老的这番有关虚拟现实的论述，不但给我们提出了一个颇具东方意境的词汇——灵境，更重要的是指出了虚拟现实的本质——拓展大脑知觉。

人类大脑对周围世界的知觉，是通过各种官能来达成的，包括视觉、听觉、味觉、嗅觉和触觉等。一般的逻辑是，通过耳、鼻、舌、眼、手等官能器官感知外界环境并以神经信号的方式传递给大脑，大脑经过分析处理之后再调动神经系统和肌肉，让身体做出反应。在这个过程中，大脑扮演了信息处理中枢的角色，而各个知觉器官则负责向大脑提供信息并接受大脑的信息反馈。著名实验心理学家特瑞克勒（D. G. Treichler）通过大量的实验证实：人类大脑获取的信息83%来自视觉，11%来自听觉，3.5%来自嗅觉，1.5%来自触觉，1%来自味觉。这意味着，视听是大脑信息的主要输入途径，尤其是视觉，是当之无愧的大脑与外部世界交互的主要窗口。

那么，人类的视觉器官——眼睛——是如何与大脑进行信息交换的呢？简单来讲，眼睛就像一台精妙的照相机，瞳孔是照相机的光圈，晶状体相当于镜头，而视网膜就是胶卷底片。

实际工作的时候，外界物体反射的光线穿过瞳孔，通过晶状体进入眼球，汇集到眼球底部的视网膜上成像。之后，眼睛的感光神经细胞将这些图像转化成生物电信号，通过视觉神经传递给大脑中枢，经过大脑相应脑区的解析处理，就形成了我们所能知觉到的影像。依据这一工作原理可以知晓，大脑对周围世界的感知，实际上是外界环境通过某种刺激物（如光线、声波、味道、气味等）刺激官能器官从而在大脑中转化成意识的过程。既如此，那就意味着，如果人为改变外界的刺激信号，就能达到"操纵"大脑意识的效果。也就是说，我们可以"欺骗"大脑意识。

可以"欺骗"，并不意味着真的能够"欺骗"。想要真正"骗过"大脑的意识，我们还需要让人为的刺激物变得非常"逼真"才行。而想要做到逼真，起码对于视觉和听觉来讲，必须要能够营造出"立体感"，因为不同于味道、气味和触觉，光线和声波需要在三维的空间中进行传播。恰好，人类有两只眼睛，也有两只耳朵，而两只眼睛在感知外界光线的时候会产生差异，两只耳朵在感知外界声音的时候也会产生差异，这种感知差异正是大脑"空间感知"的来源，也为我们创建具有立体空间感的视觉和听觉打开了大门。

　　先来说视觉对空间的感知。古希腊数学家欧几里得早在公元前300年就发现，人类之所以能够洞察立体空间，主要是由左、右眼所看到的图像不同而产生的，这种现象叫作"双目视差（Binocular Parallax）"。这很容易理解，因为人的两只眼睛之间是有间距的，造成两眼的视角存在细微的差别。当你分别捂住左眼和右眼，望向同一个物体的时候，看到的图像往往会有明显差异。或者你可以尝试一下，闭上一只眼睛去做做针线活儿，你就会发现人有两只眼睛是多么重要。

　　基于双目视差原理，1838年，英国著名物理学家查尔斯·惠斯通（Charles Wheatstone）发明了可以观看立体画面的立体镜，通过立体镜观察两张并排的图像或照片可以给用户提供纵深感和沉浸感。1849年，英国物理学家布鲁斯特（David Brewster）用两个凸透镜取代立体镜中的镜子，做出了改良型的立体镜。透镜的作用是使左眼只看左相片，右眼只看右相片，并使影像放大，这样通过立体镜观察两张相片的影像重叠部分，便能看到立体模型。立体镜的设计原理也被用于当今的3D立体视觉模拟技术，例如影院中的3D电影、家用的3D电视等，其实质工作原理都是对左、右眼提供一组视角不同的画面来营造出双目视差的环境，从而骗过大脑，形成对立体画面的感知。

　　除了双目视差，我们还会产生"双耳听差"——两只耳朵由于分处不同的位置，所以对同一声音的感知也是有差异的。假如你的右前方有一个声源，显然右耳距离声源较近，所以声音会首先传到右耳，然后才会传到左耳，并且右耳听到的声音会比左耳听到的声音稍强一些，这种差异传递到大脑神经中，就能使人们判断出声音来自右前方，从而达到对声源进行定位的效果。从这个意义上来讲，双耳听差现象的存在是不可或缺的，这就是"双耳效应（Bi-aural Effect）"。正是因为这种特殊的双耳效应，我们创建各种立体声音技术才有了立足之地。目前流行的立体声环绕等声场技术，都是利用这种双耳效应来为听众创建具有立体感的收听体验的。由此，我们终于找到了让人造声音听上去逼真的办法，轻易就能让大脑获得有关听觉的真实感知。

　　对视觉和听觉原理的探究，激发了人们接下来的"物理仿真"冲动。其中比较有意思的是美国好莱坞摄影师莫顿·海利格（Morton Heilig）设计的"全传感仿真器"。莫顿·海利格被称为虚拟现实之父，他出生于1926年，于1997年去世。在其71年的人生旅程中，海利格孜孜以求于各种发明创造，但却为人低调、很少对外宣传，唯一公开的视频资料是一位日本记者在1984年对他的简短采访。然而，这段影片并没有在当时采访结束的时候公开，而是在海利格去世十多年后的2010年，同样老去的记者才公布了这段影片。

海利格并非工程师或者计算机科学家出身，只是好莱坞的一名电影摄影师，借着对电影的热爱，他对"未来影院"的形态产生了跨越时代的想象，并亲自动手将其付诸实践。1955年，海利格发表了一篇题为《未来影院》（"Cinema of the Future"）的论文，提出了对电影多感官发展的想法，认为未来电影应该给观众提供三维的图像，以及更加真实的立体声。为了付诸实践，海利格以一人之力打造出了未来影院的原型机，取名为"SENSORAMA"，在其介绍中，海利格称这款模拟器为"一套革命性的动画系统，可以将观众带入另外一个世界，让观众在虚拟世界中真切地感受到声响、风吹、震动，甚至闻到布鲁克林马路的味道"。1962年，海利格为这台模拟器申请了专利，这是一台能够正常运转的3D视频机器，被誉为"VR原型机"。作为电影摄影师，海利格创造SENSORAMA的初衷是打造未来影院，这个模拟器除了使用3D视频动画技术之外，还拥有3D摄影机、3D投影仪、立体扬声器、风扇、气味发生器和一个震动座椅等配套设备，这些部件几乎可以刺激观众的所有感官，让观众完全沉浸在电影中。

仅有模拟器和配套设备还不够，海利格还动手创建可用于观看的内容——3D影像。他先后创作了六部3D视频短片，拍摄、剪辑全部自己动手完成，这六部短片都有特定的场景设定，分别是：《摩托车》（*Motorcycle*）、《肚皮舞者》（*Belly Dancer*）、《沙滩车》（*Dune Buggy*）、《直升机》（*Helicopter*）、《与萨宾娜约会》（*A Date with Sabina*）、《我是可口可乐瓶》（*I'm a Coca-cola Bottle*）。有意思的是，在《肚皮舞者》这部带有情色意味的影片中，人们可以感受到舞女的香水味、指尖敲动铜钹的乐声，让很多观众沉浸其中，成为六部短片中最受欢迎的一部。

除了SENSORAMA之外，海利格还发明了可移动的虚拟现实体验设备——Telesphere Mask，于1960年获得专利。在Telesphere Mask的专利申请书中，海利格将其描述为"个人用途的可伸缩电视设备"，这是头戴式显示器的第一个例子，外形非常现代，类似于今天的头戴式虚拟现实眼镜，可以实现立体显示和立体声。

在这里，我们对莫顿·海利格先生着墨较多，主要原因是相比于他的贡献来讲，人们对他的关注实在是不够，要不是当前虚拟现实的火热，恐怕很少有人会提及海利格。公平来讲，海利格在利用"物理仿真"欺骗大脑意识方面，可谓做到了登峰造极的程度。但遗憾的是，就在海利格忙于发明各种虚拟现实设备的时候，计算机图形技术正在开辟另外一个足以颠覆物理仿真的全新战场——计算机模拟。

二

推开计算机模拟世界大门的人是伊万·萨瑟兰（Ivan Edward Sutherland），公认的"计算机图形学之父"。萨瑟兰当年在麻省理工学院攻读博士学位的时候，有幸进入著名的林肯实验室，从事有关"三维交互式图形系统"的研究，并成功开发了著名的"Sketchpad"系统。这个系统的工作原理就像我们现在熟悉的配备手写笔的平板电脑——光笔在计算机屏幕上移动时，通过一个光栅系统（Grid System）来测量光笔在水平和垂直两个方向上的运动轨迹，从而在屏幕上重建由光笔移动所生成的线条。这些生成的线条一旦出现在计算机屏幕上，就完成了从物理动作（光笔移动）到数字对象（线条）的转换。这些数字线条可以被任意处理和操纵，包括拉长、缩短、旋转角度等，还可以相互连接起来表示任何物体，而组合出来的物体也可以旋转任意角度以显示任意方位的形态。等到博士论文答辩的时候，萨瑟兰为了取得最好的展示效果，干脆制作了一部电影《Sketchpad：人机图形通信系统》，向答辩委员们现场展示了生动的计算机图像，结果不但博士论文被评为"优秀"等级，连同这部电影还被广泛传播开来。

Sketchpad系统的创意是革命性的，一举奠定了萨瑟兰作为"计算机图形学之父"的基础，并为计算机仿真、计算机辅助设计（CAD/CAM）、虚拟现实等重要应用的发展打开了大门。1965年，萨瑟兰发表了一篇题为《终极显示》（"The Ultimate Display"）的论文，指出应该将计算机显示屏幕作为"一个观察虚拟世界的窗口"，计算机系统能够使该窗口中的景象、声音、事件和行为进行非常逼真的仿真模拟。这篇论文勾画的虚拟现实概念包括三大方面：一是观察者通过头盔式立体显示器（Helmet Mounted Display，HDM）观看虚拟世界，通过增强的3D声音和触觉来促进用户的沉浸感；二是计算机实时生成3D世界，当观察者转动身体或者眼球时，场景会实时变化；三是用户具备以现实的方式与虚拟世界中的对象交互的能力。这篇论文成为当下整个虚拟现实和增强现实概念的核心蓝图。

1968年，萨瑟兰开发了第一个计算机图形驱动的头戴显示器及头部位置跟踪系统，只是碍于技术的限制，这套系统体积巨大、十分笨重，需要在天花板上安装专门的支撑杆，被人形象地称作"达摩克利斯之剑"，其生成的图形也非常原始，只能产生线框标识的房间和对象。如今，这套系统安静地躺在位于旧金山山景城的计算机历史博物馆中，供人们参观。我曾去这个计算机历史博物馆参观过三次，每次都要在陈列这套系统的玻璃展示柜前停留许久，有关虚拟现实的基本理念早在50多年前就嵌入了这套"达摩克利斯之剑"，但其追求的目标——身临其境——如今仍像达摩克利斯之剑一样悬挂在技术研发人员的头顶，迟迟没有落下。

萨瑟兰开创的计算机图形学将人们对现实世界的模拟推向了全新的计算机时代，同时意味着在计算机的帮助下，我们可以加速创建一系列能够骗过大脑视觉感知的虚拟空间系统。1977年，麻省理工学院的科学家安德鲁·李普曼（Andrew Lippman）领导的一个科研团队，创建了美国科罗拉多州阿斯彭市的交互式虚拟地图。在这个超媒体系统中，用户可以浏览当地的街道，进入建筑物内部，甚至可以更改城市的季节。系统允许用户使用动态生成的菜单系统进行交互，从触摸屏界面中选择图标，确定选择的速度和视角，在阿斯彭市街道上随机行走。这套系统是最早可进行交互的虚拟地图，让物理世界变得"可编程"。后来的谷歌街景地图就是这套系统的升级版。

理论的突破加速了实践应用的发展。虚拟现实技术接下来经历了三次大的发展，逐步进入了商业领域。第一个阶段是20世纪80年代，美国国家航空航天局（NASA）和国防部组织了一系列有关虚拟现实技术的研究，并取得了令人瞩目的成果。1984年，NASA研究中心开发了火星探测的虚拟现实视觉显示器，将火星探测器发回的数据输入计算机，为地面研究人员构造了火星表面的三维虚拟世界。随后，他们又开发了通用多传感个人仿真器和遥控设备。但受限于当时的计算机技术水平，这一阶段的虚拟现实技术主要应用于航空航天、军事演练以及复杂系统上。2014年，以脸书公司收购头戴显示设备创业公司Oculus为标志，虚拟现实技术迎来了第二次发展高潮。谷歌、三星、索尼、高通等互联网巨头和芯片公司纷纷布局VR产业，推出了各种虚拟现实眼镜产品，如微软的全息眼镜"Holo-Lens"、谷歌眼镜"Google Glass"、三星的VR眼镜"Gear VR"等。这些VR眼镜产品，相比于当年萨瑟兰的"达摩克利斯之剑"轻便了许多，功能也大幅度提升。第三个阶段的发展始于2021年，以在线游戏创作平台罗布乐思（Roblox）于3月10日作为"元宇宙"第一概念股成功登陆纽交所为标志，虚拟现实技术作为"元宇宙"的主要技术之一而受到了资本市场的热捧。随后，国内外各大互联网巨头、芯片厂商、游戏厂商纷纷宣布进军元宇宙，脸书公司甚至直接把公司名字改成了"Meta"，由此各种虚拟现实技术（VR）、增强现实技术（AR）和扩展现实技术（XR）再次获得了热议。

　　虚拟现实技术过去半个世纪的起伏，其背后是人们数十年来对"逼真"程度的追求。既然虚拟现实世界是由数字构成的，那么这些数字信息需要逼真到什么程度，才能足以让大脑感觉到像是在真实世界一样呢？只有解决了这个问题，我们才能全面构建大脑的感知，达到身临其境的效果。

三

　　美国罗格斯大学教授格里戈雷·伯尔代亚（Grigore C. Burdea）和法国国家技术科学院院士菲利普·科菲（Philippe Coiffet）在其《虚拟现实技术》一书中提到虚拟现实是一个系统，这个系统主要具备三大特征，即三个"I"：沉浸（Immersion）、交互（Interaction）、构想（Imagination）。沉浸指以前人们只能隔着屏幕和喇叭去感知计算机生成的影像和声音，而虚拟现实系统能够通过模拟各种感官的输入来欺骗大脑，让大脑相信自己所看到的、所听到的、所感受到的全部都是真实的，于是全身心投入到了这个虚拟世界之中，当然这种虚拟目前还主要发生在视觉和听觉上。

即便有了沉浸感，如果虚拟世界只能看不能摸，完全无法交互的话，大脑还是会回过神来，意识到这一切都是幻象。因此，虚拟现实必须提供各种输入和输出设备，如全向跑步机、感应手套、体感衣服等，这些设备可以跟踪人体的精细运动，身体的跑、跳等动作，并在虚拟现实中进行反馈，这就是交互。

构想是指系统的设计者需要通过对系统进行合理甚至完美的设计来达到让使用者无法分清自己是否真的处于虚拟或者现实世界的目的，从而突破了对现实的简单模拟，构造出现实中完全不存在的场景、不存在的事物联系和运行规律，以和现实完全不同的方式来对大脑进行操控，创造出更多神奇的应用。[1]

---

① Grigore C. Burdea、Philippe Coiffet：《虚拟现实技术（第二版）》，魏迎梅、栾悉道等译，电子工业出版社，2005。

一个经典的完美构想例子就是"虚拟坑（Virtual Pit）"，这是由美国加利福尼亚大学圣塔芭芭拉分校心理学教授杰克·卢米斯（Jack Loomis）在20世纪90年代为其学生设计的一个虚拟现实实验。在实验中，他的学生被要求戴上虚拟现实头盔，这个头盔显示的内容是一个平原上有一个直径约3米的深坑，深坑上搭有一块摇摇欲坠的木板。而在现实中，这一切都只是实验室里的平坦地面。当学生们戴上这个虚拟现实头盔并按照要求走上"木板"时，三分之一的参与者甚至不敢踏出第一步，剩下那些鼓起勇气踏上木板的人全程高度紧张，屡屡因为恐惧而出现腿部战栗的情况，有的甚至直接瘫倒在地面上，大部分人会用脚趾紧紧抠住地面，手心出汗。最后只有三分之一的人可以穿过那个虚拟坑。

著有《虚拟现实：从阿凡达到永生》一书的两位作者，斯坦福大学虚拟人机交互实验室创始主管杰里米·拜伦森（Jeremy Bailenson）和加利福尼亚大学圣塔芭芭拉分校虚拟环境研究中心主管吉姆·布拉斯科维奇（Jim Blascovich），热衷于打造虚拟坑实验系统并对外展示。在过去的十余年里，他们已经为数千人进行过虚拟坑实验，参与者的年龄从6岁到84岁都有，其中比较特别的是100位法官、律师和政府政策官员——这些人向来被认为心理素质很高。可是，他们在虚拟坑实验中的表现与常人没有什么两样，照样身体打横，只有当脸扑到实验室的大理石地面时，才突然意识到回到了真实世界。[①]

虚拟坑实验给出了虚拟与真实的分界线——只有虚拟现实系统的反应速度跟上大脑的神经反应速度的时候，我们才会感到真实。打个比方来讲，人类的感知系统就像"间谍潜艇"，大脑想知道外面的世界发生的事情，就用它的"潜望镜"（眼睛、耳朵和其他感觉器官）四处收集信息。因此，为了让虚拟现实的体验真实可信，感知系统需要不断更新虚拟世界中的景物和声音，达成这一目的的最好办法，就是让人们在虚拟世界中尽可能自由和自然地运动，这就需要跟踪技术和渲染[②]技术。虚拟系统通过跟踪技术捕捉用户运动的频率越高、越精确，物理运动和虚拟运动之间的同步精度才可以更高，虚拟坑也就更

[①] 吉姆·布拉斯科维奇、杰米里·拜伦森：《虚拟现实：从阿凡达到永生》，辛江译，科学出版社，2014。

[②] 渲染是指在电脑绘图中用软件从模型生成图像的过程，是三维计算机图形学的重要研究领域。其中，三维游戏和虚拟现实技术需要用到实时渲染，而由于实时渲染对计算机的计算能力要求很高，所以通常需要依靠带有三维硬件加速器的显卡（GPU）来完成这个过程。

栩栩如生。如果虚拟系统的反应速度慢，更新场景的时间就会长得不可接受，当用户转动头部时，需要花很长的时间来调整视点，也就是虚拟现实系统需要花费太长时间来渲染虚拟世界，这就会产生"延迟"。延迟不仅会让虚拟现实的逼真效果大打折扣，而且时间一长，就会让用户产生不适的副作用，比如头晕、呕吐。对于人的视觉而言，一般要求系统能够以每秒钟60次或者更高的频率更新画面，就能接近真实自然的体验。但每一帧精细的图像都含有海量数据，这对计算机的处理能力要求是相当高的。目前市面上的VR设备，分辨率最高支持到4K，刷新率在79Hz～120Hz之间。而要达到没有延迟的程度，分辨率需要做到16K，刷新率需要达到180Hz。这背后牵动的计算机算力提升是目前显卡GPU算力的无数倍。当然，假以时日，随着技术的进步，人类创建出真正逼真的虚拟系统并不是什么难事儿。

四

关键的问题在于，当虚拟系统变得越来越逼真的时候，我们对于世界的理解将会发生什么变化？换言之，如果我们可以用虚拟现实系统来持续欺骗大脑的话，那么我们到底会怎样活着？

1981年，著名哲学家希拉里·普特南（Hilary Putnam）就曾在他的《理性、真理与历史》（*Reason、Truth and History*）一书中设想过一个"缸中之脑（Brain in a vat）"的思想实验。说的是，既然人所体验到的一切最终都要在大脑中转化为神经信号，那我们可以假设，将活体大脑从人体中取出，放到一个装有营养液的缸中维持着它的生理活性，让超级计算机通过大脑的神经末梢持续向大脑传递和原来一样的各种感官的神经信号，并对大脑发出的信号给予和平时一样的信号反馈，则大脑所体验到的世界其实是计算机制造的一种虚拟现实。

"缸中之脑"思想实验让人们在虚拟现实里看到了意识超越身体的可能性，虚拟坑实验也表明意识与身体可以分处不同的空间。换言之，大脑意识的构建，可以通过脱离身体所在的现实之所而在完全虚拟的空间中去单独完成，这种观点将人们引向了一种"去具身化"的探索路径，或称"离身认知（Disembodied Cognition）"。这条探索路径可以让人们的身体不必在现场，就能体验到在现场的感觉，从而达到"感同身受"的效果。神经科学里有一个词叫作镜像神经元（Mirror Neuron），是指动物或人在观察到其他同类的动作时，大脑里的某些神经元的活性增加，使得脑中模仿、重现该动作或情绪，产生感同身受的认知。简单来说，我看见你笑，我自己也会感到开心和愉快。

斯坦福大学虚拟人交互实验室（VHIL）曾经研究过利用虚拟现实产生感同身受的认知，从而达到改变人的思想和行为的目的。这个实验项日并不复杂，具体做法是，邀请斯坦福大学的学生来到实验室，首先用 3D 摄像机扫描并生成他们的"虚拟自我"，学生们戴上 VR 眼镜，就能在眼镜中看到自己的"虚拟自我"呈现在面前。之后，实验人员通过电脑操作让这个虚拟自我在学生面前慢慢变老，直到变成他们 20 年后的样子。随后，实验人员给学生发放虚拟货币，让他们决定是在年轻的时候花掉，还是存下来养老。根据学生们不同的决策，他们的老年版虚拟自我产生了不同的状态——如果学生作出的决策倾向于存更多的钱，那么他们的虚拟自我就会变得开心，并且状态很好，因为他有足够的钱养老；如果学生们决定在年轻时就花掉所有的钱，则他们的虚拟自我就会看上去悲伤、憔悴。

这个有关存钱的感同身受实验，取得了良好的效果。学生们受到震动，纷纷减少了在年轻时花掉的虚拟货币。要知道，在美国鼓励年轻人存钱是个大问题，而这个实验的结果具有很好的社会意义。存钱实验表明，我们可以通过操纵大脑的输入信号来改变大脑处理信息和产生反应的过程，从而将人类行为导向特定的方向。

将"存钱实验"的结果推广开去，就能获得虚拟现实的大量应用场景：在旅游行业，我们可以让游客足不出户逛遍大江南北；在教育领域，教师可以很方便地进行现场教学；在工业领域，研发人员和操作工人可以在虚拟空间中了解机器运行机理，以离场的形式掌握专业技能；在医疗领域，患者可以在手术之前"身临其境"地感受一下手术过程；在商业领域，商品的远程展示和虚拟试用就有了可能；在职业培训领域，我们的化身可以在不同的职业体验之间自由切换；在社会领域，不同的身份体验得以轻松建构，甚至可以让人们对残障人士或者特殊身份人士的生活体验一探究竟……当然，还可以借助虚拟现实技术做到"灵魂出窍"，例如在孕妇分娩的时候戴上VR眼镜，让大脑沉浸到一个人为创建的愉悦场景，从而减轻分娩时的痛苦感知。这些感同身受的场景背后，体现的都是大脑意识与身体的分离——身体在现实空间，大脑意识进入虚拟世界。

五

"离身认知"这一探索路径彰显了大脑意识的独立性，认为意识可以在不同的空间中自由穿梭，但却忽视了身体这个主体存在在大脑构建意识中的重要性或者不可或缺性。笛卡尔说过"我思故我在"，因为意识决定了我的存在，奠定了"二元论"的基础。但是，海德格尔后来对笛卡尔的观点进行了批判，他提出"我在故我思"，因为人的存在才有意识，才能感知这个世界，如果人不是人，而是存在于其他的生物体里，比如蝴蝶、鲸鱼，那么人对于世界的认知也会不同。1986年，著名的人工智能专家布鲁克斯（Rodney Brooks）提出：智能是具身化和情境化的，传统以表征为核心的经典人工智能进路是错误的，而清除表征的方式就是制造基于行为的机器人。由此可见，具有具身智能的身体，或者说智能表现的物理形式，在塑造一个个体的思想和认知能力方面起着积极而重要的作用。人类的智力不仅仅是我们大脑的功能，而是我们的大脑、我们的身体和我们生存的环境的组合。

2021年10月，李飞飞和其他几名学者提出了一个新的计算框架——深度进化强化学习（Deep Evolutionary Reinforcement Learning，DERL），基于该框架，具身智能体可以在多个复杂环境中执行多个任务，首次证明了鲍德温效应（Baldwin Effect）[①]，即没有任何基因信息基础的人类行为方式和习惯（不通过基因突变的有性繁殖进化），经过许多代人的传播，最终进化为具有基因信息基础的行为习惯的现象（进化的强化学习）。[②]

李飞飞等研究人员想要弄清楚的是，物理形态对智力的进化有没有影响。如果有，那么计算机科学家应该如何利用物理形态来创造更聪明的人工智能？为了回答这些问题，他们通过计算机仿照生物的学习和进化过程，创建了一个计算机模拟的游乐场，相当于一个"虚拟宇宙"。该虚拟宇宙由三条规则构成：

[①] 鲍德温效应指出，学习适应性优势的能力，可以通过达尔文的自然选择遗传给后代。例如，如果一种动物在生命早期不能学会走路，可能更容易死亡，从而对基因型产生直接的选择压力，选出能更快学会走路的动物。该效应描述的从表型到基因型的能力转移，可能为习得更复杂的行为（如语言能力及模仿能力）腾出学习资源。

[②] 李飞飞等人有关具身智能的研究，详见：Agrim Gupta, Silvio Savarese, Surya Guanguli, Li Fei-Fei. Embodied Intelligence via Learning and Evolution. *Nature Communications*, 2021 Oct 6;12(1):5721.

第一，这个宇宙中存在大量像火柴棍一样的人工生命（unimals）。这些人工生命虽然简单，但是都有各自的基因代码。不同的代码对应着不同的火柴棍组合——这就模拟了不同的基因产生不同生命结构的物种的过程。比如，有的代码就会产生像八爪章鱼一样的结构，有的代码则会产生像小马一样的四足结构。

第二，这些火柴棍人工生命都需要在自己的一生中，通过使用机器学习算法来适应不同的环境。比如，平坦的地面、充满障碍的沙丘，在这些环境中完成不同的任务，像是巡逻、导航、躲避障碍物、搬运物资等。

第三，通过一段时间的学习训练之后，火柴棍人工生命之间要相互比赛，只有表现最突出的一部分能够被保留下来。然后，它们的基因代码经过相互组合之后，产生大量新的身体结构，再重复第二条规则中的学习适应各类环境和任务过程。请注意，上一代人工生命遗留给下一代的，只有它们的身体结构，而不包括它们在短暂的一生中学习到的算法。

这三条规则非常接近物种进化的过程。

通过搭建这样一个虚拟宇宙，火柴棍人工生命可以在突变和自然选择的约束下学习，研究人员在里面使用各种条件，对这些人工"物种"进行严酷筛选，并观察这些火柴棍身体是如何影响其智力进化的。每次模拟开始于576个独特的人工生命，包括一个"球体"和一个由不同数量的圆柱形节肢以不同方式排列而成的"身体"。每个人工生命都以相同的方式感知世界，并以相同的神经结构和学习算法开始模拟。换句话说，所有的人工生命在开始它们的虚拟生活时，都拥有相同程度的智慧，只是身体形状不同。

实验开始后，每一个人工生命都要经过一个学习阶段。在这个阶段中，它要么穿越平坦的地形，要么穿越包括块状山脊、阶梯和平滑山丘等更具挑战性的地形。还有一些人工生命必须移动箱子到目标位置，才可以跨越复杂的地形。接受训练后，每个人工生命都要与其他三个在相同的环境和任务组合下训练的人工生命进行锦标赛，获胜者能够产生后代。后代在面临与其父母相同的任务之前，经历了四肢或关节的微小突变。所有的人工生命（包括获胜者）都参加了多项锦标赛，只有当新的后代出现时才会开始衰老。在每个环境完成三次进化迭代（每次迭代产生4000种形态）后，幸存下来的人工生命平均经历了10代的进化，其形态已经十分多样，包括两足动物、三足动物以及有或者没有手臂的四足动物。

研究人员从每个环境中挑选了10种表现最好的人工生命，并从头开始训练它们完成绕过障碍物、推球或者把箱子推上斜坡等全新的8个任务。结果是，在需要绕障的环境中进化的人工生命，比在平坦环境中进化的人工生命表现更好，而在需要将箱子推至指定位置的环境下进化出的人工生命表现最好。表现好的人工生命，无论是单独学习（通过较少的训练获得更好的表现）还是跨代学习都更快。事实上，经过10代进化后，表现好的人工生命已经十分适应环境，以至于它们学习相同任务的时间只需要它们最早祖先的一半。

研究人员说，在学习和进化的双重压力下，最终只有那些在结构上有优势的身体设计蓝图能够被保留下来，比如类似八爪鱼、六足虫，还有四足动物的身体结构。这些结构由于可以更容易学习到更先进的算法，于是在每一代的竞争中就积累下了大量的优势。研究人员把这种身体结构上的优势叫作"形态智能"。在算力相同的情况下，具备形态智能优势的生物可以更快获得学习上的优势，从而赢得残酷的生存竞争。

这个发现很有启发性——人工生命的祖辈并没有遗留下自己的算法，而只是留下来了自己身体结构的编码。但是，这种身体结构却使得它们的后代，可以更容易学习到前辈花了很长的时间才学习到的算法。就好像祖先们的毕生经验，都压缩在那几行身体结构的基因代码中了。

六

如果说地球是人类具身智能的物理进化场的话，那么李飞飞等人的研究则表明，我们同样可以在数字构成的虚拟宇宙中构建出数字生命的进化背景，这将引导我们将地球上发生的漫长的生命进化历程复制到数字空间并孕育出千奇百怪的"数字生命体"。

日裔美籍理论物理学家和未来学家加来道雄在《人类的未来》一书中提到，类比人类的进化史，所有智慧生命进化都要遵守自然法则，即具有三大必要属性——立体视觉、有抓握能力的肢体和语言。

第一，智慧生物必须有立体视觉。一般来说，捕食者比猎物更聪明，在生存过程中，猎物要做的就只有逃跑，而捕食者为了抓到猎物，就必须有更高的智商，而且在捕猎时要能判断出猎物和自己之间的距离，这就需要立体视觉。

第二，智慧生物的另一个标志是拥有改变环境的能力，这就要求智慧生物必须得有能抓握物体的肢体，比如人的手。

第三，智慧生物要有语言。因为在一个种群里，某一个个体学到的知识会随着它的死去而消逝，所以为了把必要的信息一代代地保存下去，智慧生命就必须拥有语言，而且这种语言还必须比较复杂，这样才能容纳更多的信息。地球上的所有生物里，只有人类同时具备立体视觉、有抓握能力的肢体和语言这三大属性，所以只有人类才发展出了高度的文明。

同样的道理，如果具身智能体也具备这三大要素，能够像婴儿一样学习进化，那么，我们就有可能在数字空间中进化出像人一样的高度智慧。英国人安迪·克拉克（Andy Clark）的新书《预测算法：具身智能如何应对不确定性》，全面系统地分析了具身智能的发展。未来随着算法的优化和提升，具身智能也能像婴儿一样试错学习，人工智能就将进入一个奇点，进入一个快速接近人类智能的快车道。[①]

这将引发另外一个问题，承载数字生命的空间该如何

---

① 安迪·克拉克：《预测算法：具身智能如何应对不确定性》，刘林澍译，机械工业出版社，2020。

搭建？

2022年2月，Meta首席执行官扎克伯格在主题为"用人工智能构建元宇宙"的讨论会上，首次展示了用人工智能系统"Builder Bot"创建虚拟空间的过程——简单来说，只要你一句话，它便可以生成或者导入你想要的数字世界。Meta首席人工智能科学家杨立昆指出，为什么一个从未坐在方向盘后的少年可以在大约20小时内学会驾驶，而当今最好的智能驾驶系统却需要数百万或数十亿条带标签的训练数据和数百万次在虚拟环境中的强化学习试验也不能达到与人类同等可靠的驾驶能力？

杨立昆指出，人类和动物使用了哪些我们无法在机器学习中复制的方法？人类和非人类动物学习大量关于世界如何运作的背景知识的方式是观察，以及用独立于任务、无人监督方式进行的少量互动。可以假定，这种积累的知识可能构成了通常被称为常识的基础。常识可以被视为世界模型的集合，可以指导智能体何种行为可能、何种行为合理、何种行为不可能。这使人类能够在不熟悉的情况中有效地预先计划。例如，一名从未在雪地上开过车的人类司机，也能预知雪地会很滑、如果车开得太猛将会失控打滑。常识性知识不仅可以让智能动物预测未来事件的结果，还可以在时间和空间上填补缺失的信息。例如，当司机听到附近有金属撞击声时，即使没有看到撞车现场，他也能立即知道车祸发生。机器学习缺失的是人类和动物如何学习世界模型，即学习世界如何运作的能力。当今人工智能最重要的挑战之一是设计学习范式的架构，使机器能够以自我监督的方式学习世界模型，然后用这些模型进行预测、推理和计划。

本章小结

人是意识与躯体的结合体，而空间又分为现实和虚拟，若是以"身体—意识"和"现实—虚拟"这两个维度来划分的话，可以得到四种结果：（1）身体在现实空间，意识在现实空间；（2）身体在现实空间，意识在虚拟空间；（3）身体在虚拟空间，意识在现实空间；（4）身体在虚拟空间，意识在虚拟空间。怎么理解呢？第（1）种情况就是日常生活场景，意识与身体都在现实空间；第（2）种情况是做梦，意识进入梦境，而身体在现实空间；第（3）种情况有点类似于《矩阵革命》的场景，身体在虚拟空间，但意识与情节是与现实一样的，很多"穿越体"小说也是这种情况；最后的第（4）种情况则是《头号玩家》的场景，身体和意识都完全进入到了一个平行空间。这四种情形，确定了人对空间的感知模式。

正是因为不同的空间感知，才有了丰富多彩的生活。未来，作为智能体的人，以及各种被赋予了智能的数字人，应该如何在数字空间中展开行动呢？这就离不开身份。

第 3 章　身份

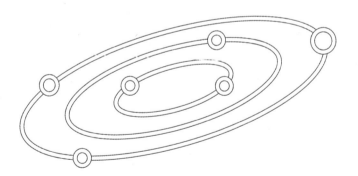

中国两千多年的思想史中，对于虚拟与现实之间的思辨从未停止过。庄周梦蝶，即是一例。说的是战国时期，诸子百家之中道家的代表人物庄周（庄子）的一次午间梦游经历。

一天中午，庄周午睡时，突然做了一个奇怪的梦。梦中，庄周变成了一只色彩艳丽的蝴蝶，他一会儿往东飞，一会儿朝西飞，在花间草丛悠然飞舞，实在是快乐至极。

成为蝴蝶的庄周，只顾翩翩起舞，完全忘了自己是庄周。正玩得高兴时，突然醒了过来。庄周一骨碌爬起身，发现自己睡在床上，这下他才明白，自己不是蝴蝶，而是人，是庄周。但转念一想，庄周又觉得刚才的认识未必正确，有可能自己原本是一只蝴蝶，在梦中才变成庄周的。接着他又想，这恐怕也错了，自己明明是庄周，刚才在那花丛里飞来飞去的感觉只是做梦罢了。

就这样，庄周一会儿认为自己是蝴蝶，一会儿认为自己是人，想来想去，不知道是庄周做梦变成了蝴蝶呢，还是蝴蝶做梦变成了庄周，一时间，庄周都搞不清楚自己到底是谁了。

庄周梦蝶，抑或蝶梦庄周？这是个身份问题！

一

德国大哲学家莱布尼茨曾说过，"凡物莫不相异"，说的是世界上没有相同的两片树叶。同样的，世界上也没有相同的两个人，而标识人之独特性的就是身份。一般来说，身份是指人在社会上或法律上的地位、资格，是国家或社会对一个人的定义，从出生到死亡一直与人相伴。当然，在实际的社会生活中，身份涵盖的范围非常广泛，涉及文化、社会、地域、心理、政治、信仰等多个维度，既可以指代现实世界中的个体或者社会意义的公民，也可以化身为数字世界的账号。不同的身份，代表着不同的权利和义务，是进行社会交往和协作的基础。身份对个体是一种标识，对群体是一种共识。

首先，身份是刻画主体的信息集。对于任何一个具体的主体来说，有关这个主体的属性信息越多，展现的内容越充分，这个主体的身份感就越强。例如，某个人的人口特征信息，就包括姓名、性别、出生年月日、出生地等，通过这些人口特征信息，我们可以了解一个人的基本身份。如果再加上教育经历、工作经历、职务头衔等信息，那么这个人的身份就变得越来越清晰。所以，刻画主体的身份，并不是仅仅来自单一的信息片段，而是标识这个主体属性的所有信息，且会随着标识信息的增加而变得越来越丰富。

其次，万物皆有身份。我们通常所说的身份，主要是指自然人和法人（企业、机构、组织等）。但除此之外，几乎所有事物都可以进行身份标识。例如，我们完全可以给一条鱼、一头牛和一棵树构建身份标签，以便将这条鱼和那条鱼区分开来。同样，我们也可以给一份数据创建身份，包括数据格式、容量大小、存储方式、内容简介、所有权归属等，以便将这份数据区分于其他数据。

再次，身份具有多维性。通常，一个主体在不同的场景下会展现出不同的身份，比如一个人在公司是研发工程师，在家是父亲、儿子和丈夫，在理发店是消费者，在学校是学生或者老师，等等。总而言之，身份是个棱镜，不同的场景下展示的身份信息是不同的，很难在一个场景下将一个主体所有的身份信息全部展示出来。这也意味着，在谈到身份的时候，必须要指明场景属性。

从次，身份的本质是关系。一个孤立个人的身份是没有意义的，身份的价值只有在跟他人交互的时候才能显现出来。在主体和主体发生关系的时候，身份信息是帮助一方建立对对方清晰认知的可靠依据。比如，当你向银行展示身份信息的时候，银行就可以根据你的身份信息形成对你的信用程度的判断，从而作出是否为你办理贷款的决定。此外，公司之间的交易，也需要根据公司的信用和资产等法人身份信息来帮助作出业务往来的决策。所以，身份与主体的信用直接相关，是主体之间进行关系构建和基于关系的交互的保证。身份信息的可信度，直接决定了主体间关系能否正常开展。

最后，身份信息需要做到"可验而不可得"。身份信息是属于特定主体的，且在主体进行交互的过程中充当信用中介的作用，所以其使用必须得到主体的授权同意。与特定主体交互的其他各方，在需要的时候都可以验证这个主体的身份，但不能拿走或者剥夺主体的身份。目前在身份验证领域引入的隐私计算技术，就是要做到在实现验证身份目的的同时又不会泄露身份信息。

如何认证用户的身份呢？所谓身份认证，即在某个场景中对用户所展现出来的身份信息进行识别，以判断身份的真伪。身份认证一般通过三种基本途径来进行。第一种是你所知道的

(what you know)，比如我们登录电脑所输入的用户名和口令；第二种是你所拥有的（what you have），比如中国古代行军打仗证明指挥权的虎符、现代人使用的公交卡或会员卡等；第三种是根据你的内在特性（who you are），比如人的指纹、签名、虹膜、脸部图像、走路时的步态等。这些都是从不同维度识别用户的用户信息从而完成对用户的身份判断。有时候，当一种信息不足以判断用户时，会采取多种识别方式的结合，即要求用户出示多种身份信息。例如，网上购物的时候，除了要求提供账号密码之外，还会通过运营商的手机短信验证码进行验证。

随着互联网的普及，数字身份开始广泛应用。在网络空间中，身份信息往往是分散在各个平台或者产品里面的，比如支付宝存储着用户的交易信息，百度拥有用户的搜索信息，腾讯存储着大量的社交信息，而字节跳动系则搜集了用户消费新闻和数字内容的信息等。这些分散的身份信息虽然来自于同一个用户的活动，但却以碎片化的形式存在于各个互联网账号中，很难整合成统一完整的身份。更为重要的是，数字世界的主体并非现实世界同一主体的简单映射，而是随着行为数据的越来越丰富，数字主体将自成一体，形成一个全新的主体。从这个意义上来讲，数字自我不是现实自我的复制，而是现实自我在数字世界的延续和演绎，是主体在数字世界的重生。

通常，数字身份使用标识符这一概念。可以简单理解为，标识符是在某一系统内对主体进行识别的一段数据，等同于现实生活中的身份证号、社保号等国家颁发给公民的身份标识符，或者公司给员工的工号、学校给学生分配的学号，其作用是将主体在某个系统中进行区别确认。当然，标识符在一个系统内是不能重复的，就像学校里可能有很多学生重名，但他们的学号一定是唯一的。数字身份是打开数字世界里信任大门的钥匙，如果丧失了对数字身份的主导权，就如同把钥匙交给陌生人保管。但你可能想不到的是，长期以来用户都没有真正将数字身份这把钥匙拿在自己手里。

二

互联网早期的发展是缺少身份概念的，当时流行的一句话就是"在网上，没有人知道你是一条狗"，说的就是早期互联网的匿名特性。但后来随着网络化应用的兴起，尤其是移动互联网的普及，身份成为进入数字世界最重要的通行证。

用户想要进入某个数字应用或者数字空间，就需要数字身份来开门。通常来说，我们需要在某个特定平台或者系统上进行注册，并根据注册的结果获得账号和密码，之后用户使用特定账号登录平台的时候，需要输入密码以便验证身份。当然，也有一些平台会采用更加复杂的认证机制，或者在密码之外还要借助短信验证码来交叉检验用户的身份。但不管以什么样的形式，数字空间里的行为主体是以账号来驱动的。这就存在一种可能性，一个用户可以创建多个账号，并且使用不同的账号在同一个系统里进行不同的行为动作，这导致了人与数字身份的重大分离。也就是说，不同于现实空间中，身份在特定的场景下具有稳定性，数字空间中的主体身份即便在同一个系统中，也会有不同的身份标识。举例来说，一个人可以同时拥有两个微信号，其中一个微信号用于跟朋友联系，另一个微信号则用于运营公众号内容。显然，同样一个人在同一个系统（微信）里有着非常不同的表征身份的行为数据（朋友联络和内容运营）。换言之，账号中截了用户与数字身份之间的联系。

更进一步，账号体系通常是系统或平台独有的，每个平台都有自己的一套账号运营体系，而平台与平台之间经常难以相互认证。用户登录淘宝的账户信息是不能用于登录微信的，而用户在淘宝平台上的数字身份数据也不能自动迁移到微信上，反之亦然，这种情况就产生了用户数字身份数据的进一步碎片化。一名用户每时每刻都在数字空间中产生大量的行为数据和身份信息，但这些行为数据被不同的平台以不同的方式各自存储在独有的账号体系之下，仅支撑用户在该平台或生态本身的业务。由此导致的结果是，用户需要频繁在不同的平台上注册账号并获得各式各样的密码，数字身份进一步分裂，独立自主的数字身份体系难以建立。

为了解决数字身份碎片化的问题，一些互联网平台发展出了"联盟身份"的概念，指的是身份提供方联合起来进行身份认证的一种方式。举个例子来讲，微信用户在登录腾讯视频的时候，可以不用注册直接使用微信账号进入腾讯视频平台。甚至现在很多平台或系统都不再自己创建身份认证系统，转而直接接受微信、支付宝、推特、脸书等的账号认证。联盟身份的好处是一定程度上解决了身份数据碎片化的问题，但弊端是带来了身份数据的寡头式集中——少数大型平台掌握了用户的大量数据，一旦这些大型平台受到攻击或者出现系统漏洞，就会引发严重的隐私数据泄露事件。几乎所有著名的互联网平台都曾遭遇过用户数据泄露的问题。

可以看出，不管是单一机构还是联盟化的身份认证和管理，都不能将所有身份数据统一到用户的单一账户之下，更不能做到让用户自己掌控所有身份数据。一句话，我的身份我做不了主。近年来，一方面因为数据化应用越来越深入，另一方面因为出现了很多隐私数据泄露事件，人们越来越意识到数字身份的重要性，迫切需要全新的数字身份解决方案。新的数字身份需要一方面做到将用户数据收敛到用户的单一身份之下，另一方面需要做到充分的隐私保护。去中心化身份正是解决这一问题的切实方案。在去中心化身份体系中，用户——无论是个人还是机构组织，都能够完全掌握自己身份和数据的所有权、管理权和控制权。用户可以按照自己的意愿去使用自己的身份信息，按照自己的意愿采取部分共享和全部共享等方式去和身份依赖方共享身份信息，并且按照自己的意愿以自己的方式去存储数据，比如存在用户手机内，或者公司私有云内，或者亚马逊的公有云上，甚至是去中心化存储上。

构建数字身份比较稳妥的办法是基于区块链、隐私计算等技术，获得加密的、可控的、真正属于自己的数字身份。

例如，浏览器插件钱包应用MetaMask[①]，就是一个基于区块链的数字身份管理器。这个管理器可以帮助我们管理基于区块链的由地址与私钥两者组成的数字身份，并将数字身份与数字资产牢牢绑定在一起。用户可以用任何支持以太坊区块链的钱包创建数字身份，并随时导入其他钱包中使用，也可以基于MetaMask来使用所有以太坊的去中心化应用程序（DApp）。

创建一个地址与私钥组成的数字身份的过程大致是这样的：计算机系统随机生成一个私钥，这个私钥相当于身份证号，其创建过程是完全去中心化的，注册时也不需要绑定任何邮箱或者手机号。因此，用户一旦获得了这个私钥，就绝不能泄露，需要进行安全保存，丢失就找不回来了，私钥关联的数字资产也会一并无法找回。私钥生成后，系统会根据这个私钥计算生成对应的公钥，然后进一步生成"地址"，这个地址就是在区块链上公开的数字身份标识，相当于身份证上的姓名。接下来，基于非对称加密技术，在身份的管理权（私钥）始终

---

① MetaMask是一款区块链数字钱包应用，因为图标是一只小狐狸，所以也被称作"小狐狸钱包"。在庞大的以太坊生态里，几乎任何一个应用都会支持MetaMask钱包的链接，其市场占有率超过了50%，是最普遍的区块链身份体系。

掌握在自己手中的前提下，用户可以选择授权登录哪些应用，也可以选择允许哪些应用在一定范围内调用个人资产和数据。当然，用户可以根据私钥随时修改或者取消授权。此外，借助隐私计算技术，用户的身份数据可以做到"可用不可见""可验不可得"，即便不用共享数据也能共享数据价值。

目前来看，基于隐私计算的区块链身份体系是引领未来数字生活最有潜力的入口级基础设施。

三

身份不是孤立的，需要置于社会系统的大背景之中才能体现出意义。从社会学的角度来看，身份是人进行社会互动的"面具"。加拿大社会学家欧文·戈夫曼（Erving Goffman）在《日常生活中的自我呈现》（*The Presentation of Self in Everyday Life*）一书中，提出了用于解释社会互动的拟剧理论（Dramaturgical Theory），指出"人生如戏"。戈夫曼认为，社会和人生就是一个大舞台，在社会舞台上，每个人既是演员，又是观众。无论人们是否相信自己的表演，他总要设法创造出令观众相信的形象。就如一对夫妻，不管私下里他们如何吵架，但在家庭宴会上面对客人时还是会表现得亲切和睦，给外人展示出模范家庭的样子。从拟剧论的观点出发，人与人之间的社会互动实际上是一种表演，每个人都要扮演好自己在剧中的角色，这个角色可能会随着地点和时间的变化而改变，而角色定位就来自于身份。

一个主体的身份构建实际上是在社会互动的过程中逐步迭代和完善的，通常包括这样三个规则：第一个规则是，身份是对自我过去和当下经历的总结——你的过往和当下定义了你是谁；第二个规则是，指向未来的社会行为往往是由身份框定的——因为你是谁，所以你会这样做；第三个规则是，身份确认了行为的合理性——因为你是谁，所以你这么做是对的，虽然在其他人看来可能不对。

简单来讲，你当下的身份决定了你未来的行为，并为未来行为的合理性提供了对错解释。

由此扩展开来，如果一台机器或者是一套算法，可以依照人类的方式来推动身份构建过程并基于身份加入人类生活大舞台，那么起码在社会意义上，机器也就具有了"人"的特征。当下十分火热的虚拟人、数字人等人工智能应用，正在通过塑造专属的身份体系来完成与人类用户的交互，甚至可以成功融入人类才有的社会系统。

请看如下一段真实的身份说明：

2021　亚洲数字艺术展

　　　作品《山水精神》入选迪拜世博会中国馆

2020　作品集《或然世界》（中信出版社）

2019　中央美术学院美术馆个展

　　　中国美术学院·杭州大屋顶个展

　　　林茨电子艺术节

　　　毕业于中央美术学院，师从邱志杰教授

通过上述这段文字，想必你已经大致可以搞清楚这个"人"的身份——出身不错（毕业于中央美术学院，师从邱志杰教授），在美术界颇有建树（办过个展，获过奖项）。如果你再仔细阅读一下，你可能会觉得这个"人"简直是位天才，因为 TA 在还没有毕业的时候就举办了个展，刚刚毕业就出版了作品集并且创作出了优秀的作品《或然世界》。这是个什么样的"天才"呢？

这段身份信息的主人叫夏语冰。她拥有秀美的容颜、有亲和力的声音，除了一身绘画技能之外，还能歌善舞，曾在2022年1月份亮相央视，接受《对话》栏目主持人陈伟鸿的专访，还开通了抖音号，粉丝破亿。看看，是不是完美得不像人了？实际上，夏语冰并不是生物学意义上的人，她是小冰框架下的众多"虚拟人"之一，编号为F1033。确切讲，夏语冰是一名虚拟人类（AI being），不是一般意义上的生物学人类（Human being）。

生出夏语冰这名虚拟人类的是一套完整的、面向交互全程的人工智能交互主体基础框架，又叫小冰框架（Avatar Framework），于2013年年底诞生于微软（亚洲）互联网工程院。2020年7月13日，微软宣布将小冰业务分拆为独立公司运营，以加快小冰产品线的创新步伐，促进小冰商业生态环境的完善。截至目前，小冰框架已经完成了第九代技术迭代开发，成为全球承载交互量最大的完备人工智能框架之一，小冰深度内嵌的智能设备已经突破10亿台。

不仅如此，小冰团队还发布了首个虚拟社交平台"小冰岛"，这是人类用户与人工智能融合的社交网络，允许人类用户登录小冰岛之后高度定制各种人工智能个体，每个人工智能个体从面容、声音到性格、能力均是独一无二的，他们的身份可能包括智能歌手、文字创作者、画家、学生等，这些个体相互之间可以互相沟通交流并且围绕用户生成内容，形成一个共同生活的社交网络。目前，用户已经创造出了1700多万名虚拟人类，这些虚拟人类在公测版结束后，将进入用户的小冰岛。由此，小冰公司已经成为一家名副其实的"造人"公司，其造出的虚拟人类，正在以各式各样的身份融入人类社会。

　　除了夏语冰之外，小冰公司还依托自身的人工智能框架造出了人工智能裁判和教练系统"观君"，是自由式滑雪空中技巧的教练系统。在2022年北京冬奥会之前，观君已经作为教练在中国国家队默默工作了三年多时间，与每一位运动员都很熟悉，并基于长期的观测数据，为运动员们建立了专属的运动档案，用于追踪每一跳的动作细节，然后聚合呈现长期训练效果，辅助制订科学训练计划。甚至在2021年2月举行的北京冬奥会测试赛中，观君还担任了自由式滑雪空中技巧项目的唯一竞赛裁判，成功完成了个人预决赛、超级决赛、团体预决赛共44人次执裁，获得了国际雪联、冬奥奥组委、国家体育总局的一致认可，这也是人工智能在全球范围内首次独立完成大赛执裁任务。体育之外，小冰框架还帮助万科集团孵化出了著名的财务部员工"崔筱盼"，以"中国天气"主持人冯殊为原型创建了虚拟分身"冯小殊"，以及人工智能歌手兼创作人"何畅"
"陈水若"等。每一名数字人，小冰公司都为其创建了鲜明的
身份特征。

　　那么，小冰框架下的这些虚拟人类是如何一步步登堂入室
进入人类社会系统的呢？这背后是一系列的技术演进。首先，
不同于一般的数字助理，小冰想要与人类进行真实的互动，就
必须具备人类的语言，也就是"全双工语音"。这意味着，小
冰不能只是做到"会听会说"，还要说得"绘声绘色"，也就是
掌握人类语言交流中的节奏以及附着的情绪变化。小冰框架的
早期技术迭代，基本上都是围绕这一问题展开的。从2016年8
月起，小冰团队通过人类用户主动发起的方式，让小冰与人类
累计进行了超过60万通电话的语音交互，从而训练出了小冰的
连续会话能力——全双工语音交互感官（Full Duplex Voice
Sense）。这项技术可以实时预测人类即将说出的内容，实时生
成回应并控制对话节奏，从而使长程语音交互成为可能，仅需
一次唤醒，就可以轻松实现连续对话，这就已经与人和人之间
的自然语言沟通场景非常近似了。

　　其次，在连续会话能力的基础上，增加实时视觉、共感模
型等新技术，能够实现用户与人工智能同时边听、边说、边看

的交互体验，使得小冰具备了超级自然的语音及形象，同时具备自己的性格和态度，而且前后保持协同一致，达到了"内外兼修"的效果。

最后，从第五代小冰开始，融合了多种初级感官之后的高级感官技术上线，达到了贴近于人类自然交互行为的程度，使小冰可以主动保持与人类用户之间的关联。这个时候，小冰开始使用生成模型，将人工智能深度内嵌进物联网产品，让人们能够强烈地认知到她在这个设备里的存在，甚至能接受她成为家庭中的成员，产生情感纽带。

以小冰为代表的"AI being"派，是当前虚拟人这个领域中进行身份构建的其中一种方式，这种方式采用人工智能技术从零开始输出内容，其侧重点不只是虚拟人的外表形象，更加重视性格、倾向、态度等内在的身份构建。同样诞生于小冰框架的另一名虚拟人"崔筱盼"，直接将自己的身份定格在万科财务部的员工，负责预付应收和逾期单据的工作，其催办的单据核销率达到了91.44%，被万科集团总部评为"2021年度优秀新人"。崔筱盼突出的工作表现，与她人格化的部分关系密切，根据小冰团队观察，许多用户在使用人工智能的时候，会将虚拟人与现实中存在的人设为同名，借此将情感移情到人工智能上。此外，在2022年冬奥会上，阿里巴巴的虚拟人"冬冬"也给人们带来了惊艳的表现，承接了采访、新闻播报和带货等多重任务，并与武大靖等运动员在演播室实时互动。冬冬的身份生成和对白也是由云端的人工智能技术生成的。

可见，社会互动是由身份牵引的，一名数字人想要真正参与人类社会的互动过程，就必须从一开始就构建起自己的身份。

四

我们可以从两个方面来看待这件事情，一个是"身"，另外一个是"份"，合起来就是数字人的身份定位。

如何具备"身"呢？当前的数字人基本上采用的是"数字身体"，也就是采用数字化的形式，在虚拟空间中创设人物，再通过显示屏或者虚拟现实设备来跟真人进行交互。也有一些公司正在致力于创造人形机器人，让数字人走出屏幕，实现有真实触觉的互动。但人形机器人需要深入模拟人类的肌肉构成和行为特征，所以还很难做到以假乱真的程度。数字身体因为是隔着屏幕进行互动的，主要的互动信息源来自于视觉和听觉，这跟我们隔着屏幕与真人互动的体验类似，所以当前的主流仍然是创造数字身体。

如何创造"数字之身"？

第一条路径是虚拟偶像型，其数字身体源于某个已经存在的IP①，例如二次元动漫中的形象，俗称"纸片人"，在此基础上进行三维立体化渲染，使之成为"立体人"。虚拟偶像型数字人，因为其二次元IP已经深入人心，甚至与相对固定的用户群形成了深入的心理联结，所以变成立体人之后会将既有的IP价值进一步升华，其商业价值也最容易挖掘，是目前构建数字人的一条捷径。例如，《超时空要塞》这部经典日本动漫中深受无数粉丝追捧的"梦中情人"林明美，就被公认为是从二次元转型为立体人的典型。让林明美超越虚拟与现实结合在一起，从二次元走入三次元的，便是她确立起来的歌姬身份。林明美的原版配音瑞巴·韦斯特（Reba West）在《太空堡垒》第一部里演唱了6首歌曲，正是这6首出自林明美本人的歌，奠

---

① IP（Intellectual Property），是一个网络流行语，直译为"知识产权"，该词在互联网界已经有所引申。互联网界的"IP"可以理解为所有成名文创（文学、影视、动漫、游戏等）作品的统称。也就是说此时的IP更多的只是代表智力创造的比如发明、文学和艺术作品这些著作的版权。

定了她被誉为虚拟偶像元祖的夯实地位。

第二种创造数字之身的办法是打造"数字替身"。例如，英伟达公司创始人黄仁勋在2021年4月的英伟达GPU技术大会（NVIDIA GTC）上的演讲中，有14秒钟的视频演讲是数字人完成的，而全世界的观众都没有发觉。这个数字版的黄仁勋就是采用了真人孪生的办法——使用人工智能技术模拟真人的形象，学习真人的动作和微表情，从而构建出栩栩如生的"数字替身"，之后让数字替身代替自己在屏幕前进行互动。数字替身因为是真人的孪生以及再造，所以在人物外形和人设方面拥有天然的优势。然而，由于数字替身是真身的孪生体，很容易受到真人在现实世界中所作所为的影响，其面向未来的进化会受其真身限制，所以很多公司倾向于为历史人物或者已经逝去的名人创建替身，这被称作"复活"。例如，2022年4月1日愚人节这天，是香港著名艺人张国荣逝世19周年纪念日，在这天，由腾讯云多媒体实验室顶尖算法团队领衔，"复活"了张国荣，为大家呈现了一场超高清逼真的《热·情》演唱会。此前，在2022年江苏卫视跨年晚会舞台上，被数字技术"复活"的邓丽君现场与身旁的歌手周深联袂演唱了一首《小城故事》，可谓震惊四座。数字替身这条路径，让我们看到了孪生真人的无限可能性，给了我们重新折叠交织时空的机会。

　　第三条路径是角色扮演类，或称"CG①偶像型"，这条路径打造的数字之身是虚实结合的，数字身体是用数字技术虚拟出来的完美人物形象，但驱动这个人物形象一举一动的是真人或者真人团队。相当于，前台是虚拟人，背后是真人，而背后的这些真人被称为"中之人"。应该说，这种方式真正期待的是"内外兼修"——用虚拟人打造出"好看的皮囊"，用中之人塑造"有趣的灵魂"。曾经火爆一时的日本虚拟主播"绊爱"就属于这一类。这种方式由于依赖中之人的表现，经常出现粉丝跨过虚拟人直接与中之人互动的情况，也有很多中之人会出镜，直接与粉丝互动，所以运营风险通常很高，很多虚拟偶像会因为中之人的变化而难以为继。此外，很多公司为自己品牌创建的虚拟代言人也属于这种形式，前台是虚拟的品牌代言人，而后台则是公司的内容团队在运营。

---

① CG，Computer Graphics（计算机图形）的英文缩写，是通过计算机软件所绘制的一切图形的总称，随着以计算机为主要工具进行视觉设计和生产的一系列相关产业的形成，国际上习惯将利用计算机技术进行视觉设计和生产的领域统称为CG。它既包括技术也包括艺术，几乎囊括了当今电脑时代中所有的视觉艺术创作活动，如平面印刷品的设计、网页设计、三维动画、影视特效、多媒体技术、以计算机辅助设计为主的建筑设计及工业造型设计等。

第四条路径，也是技术要求最高但可持续性最强的路径——"人工智能造人"——无论身体还是灵魂，均由人工智能技术创建，可称之为"智能数字人"。典型的代表是小冰公司推出的"夏语冰"以及清华大学新生"华智冰"。这种"造人"模式所需要的技术能力非常高，但一旦突破就可以批量生产。并且，人工智能造人这条路径在进行行业或者领域垂直的时候，也更轻松容易。例如，前面提到的"崔筱盼"。应该说，一旦某项工作技能被数字人掌握，那么数字人很快就能做出比常人更加亮眼的业绩。随着这类数字人的增多，每一个职场人士在不久的将来都要接受与数字人同事合作甚至竞争的现实。

虽然已经有五花八门的数字人出生，但生下来容易，活下去很难。目前活跃的数字人，距离我们的期望尚有很远的距离。想要让这些数字人活得好，就必须在身体之上，塑造出有意义的人格，也就是既要有"身"，还要有"份"。

关键就在这个"份"上，要知道，数字人想要真正被人所接受，除了具备人的外形和语言表达能力之外，最主要的就是要像人一样"活着"。所谓活着，通俗来讲，就是呼吸不止，生命不息，你得有人气儿。这个人气儿，能让我们真实地感觉到一个人的存在。现在的数字人，普遍具有了"人形"，甚至是真人难以企及的完美外形，但恰恰就缺了这口人气儿。举例来讲，目前几乎所有的数字人都有明确的"营业时间"，在这个时间内活灵活现，但一过了这个时间就消失无踪，跟死人无异。除此之外，当我们想要了解一个人并决定与一个人打交道的时候，这个人的过往以及这个人都跟些什么人交往等是十分重要的参考指标，只有通过这些背景信息，我们才可以深入地了解这个人。但目前的数字人基本上是没有"过往"的，它们就好像是从天而降，一出生就是这个样子，并且没有"朋友圈"，有的只是那些因为好奇而聚拢过来的观众，这就意味着我们很难通过数字人的交往圈来确定数字人的身份和社交表现，那也就难以真正跟数字人成为朋友。倘若这个方面不能突破，那无论数字人有多么惊艳的亮相，也不管它在某些技能上是否具备"绝招"，都至多是我们"熟悉的陌生人"。

要知道，类似于崔筱盼这样的"优秀员工"，虽然取得了高于一般员工的绩效，但不能忽视的一个前提，跟崔筱盼隔空互动的对方，其实打一开始就是将崔筱盼当成了真人来对待的。试问，假如崔筱盼在跟客户进行交互之前就先亮明自己是机器人或者数字人的身份，那它还能取得同样的业绩吗？如果不能，那就意味着"人味"还是最重要的部分，而机器只不过是骗过了真人让其以为是跟真人在打交道罢了。你会说，既然可以骗过，那就证明机器具备了跟真人同等水平的人味儿，是不是已经做到了"修假成真"？当然不是。崔筱盼的人味儿其实是由其身份赋予的——万科集团财务部员工，这个身份才是崔筱盼取得一切工作成绩的基础。

　　怎样才能让数字人真正具备"人味儿"呢？首先得有过往，或者给出数字人的过往信息，而通过这些过往信息，人们可以大致上搞清楚这名数字人的身份，这一点很重要，直接决定了人们会不会信任这名数字人以及以何种方式来信任，只有基于相对比较明确的信任才会有下一步的行动。

　　体现"人味儿"的第二种方式是让数字人之间进行社交，换言之，只有身处社交网络中的人才是社会意义上的人，不管是真人还是数字人，都必须栖身于社交网络才能体现出其社会成员的价值。既然生活就是一场表演，那么数字人必须登上舞台，嵌入剧情。脱离了舞台背景的表演，注定是难以长久的"独角戏"。在这个方面，生出"夏语冰"的小冰公司又一次走在了前面，在"小冰框架"第九次版本迭代发布会上，推出了"小冰岛"社群，这是一个专为数字人创建的虚拟社会，允许人类用户在"小冰岛"上创建自己喜欢的数字人，并激发数字

人之间的社会交往和互动。目前，小冰岛上已经创建出了1700
多万名数字人，相当于一座大型城市的人口数量。未来，小冰
岛将有可能在"机器社会学"的原则指引下，繁衍出一个完全
由数字人构成的虚拟社会。

　　小冰岛很有可能成为"数字人种"的孵化基地。我们大可
以放飞想象力：先在小冰岛上创建各式各样的数字人，然后让
这些数字人在小冰岛上进行"融入社会"的实验，等到其行为
逻辑达到成年人标准的时候，再给它们培训各行各业的技能，
直到确信它们可以胜任某项工作的时候，就将这些数字人移植
出来，派遣到各个有用工需求的企事业单位，成为这些机构当
中的数字员工。一旦工作一段时间之后，这些数字员工需要技
能再造或技能升级的时候，就把这些数字员工再送回小冰岛，
进行封闭培训，结束后再重新回归工作岗位。如此一来，机构
将获得永远不会退休的员工，它们并不需要"五险一金"，也
不需要休假，还不会生病闹情绪，而且总能通过培训来增强岗
位胜任力。在这样的情境之下，我们这些人类员工将何以自
处？我们是不是也特别期待能被送上小冰岛？

五

　　在"身"和"份"的驱动下，数字人已经大踏步向我们走来了，每个数字人都会有特定的身份，甚至需要一个身份证，以便轻松融入人类社会系统。但数字人的构成是数字，只不过这些数字演化出了"人的意义"，所以才叫数字人。那么我们沿着这个逻辑推理一下，数字如果演化出一件作品的意义，是不是就可以称作"数字作品"？这是自然的。更进一步，如果这个数字作品像人一样"活着"呢？或者说，活着的数字作品是什么呢？再进一步，数字人是不是就是活着的数字作品？恐怕确实是。

　　正如世界上没有两个一样的人，作品的价值也来自于独特性，越是孤品越值钱。现实世界中，一件作品通常都被物质锁定，比如一幅画要画在卷轴上，或者描绘在教堂穹顶上，以及像莫高窟那样存于洞中墙壁之上。这种物质锁定的特性让造假或者制作赝品的门槛抬高了很多，再加上各种防伪和鉴定技术，基本上可以分辨出真假来。但作品一旦成为数字形式，复制这件事儿就大变样了，数字复制是一种全息复制，不是说像不像的问题，而是根本就不会不像，一个数字本体的复制品，就是丝毫不差的另一个全真本体。更要命的是，传统互联网的基本逻辑是"传输即复制"——只要通过互联网传给你一个数据体，那就相当于全息复制了一个同样的数据体给你，你多了，但我并没有少！

那问题就来了——作品的价值来自唯一性，而数字作品可以被轻易全息等价复制，这样一来，数字作品如何体现出唯一性呢？进而，即便能做到唯一性的识别的话，那数字作品又该如何定价呢？如果做不到唯一性的识别，那我们怎么才能确定数字本体到底是哪一个呢？不能确定数字本体的话，又怎么明确数字作品的版权归属呢？以此类推，数字人也是一样，不能确定数字本体的话，就无法知晓这个数字人到底是谁生的。

解决这一问题的现实方案是一种被称作"非同质化代币"（Non-Fungible Token，NFT）的方法。要说清楚这件事儿，我们得稍微费点笔墨和脑筋才行。我先倒着提问，然后再正着回答。

提问一：啥叫非同质化代币？

提问二：既然有非同质化代币，那是不是也应该有同质化代币？

　　提问三：啥叫同质化代币？

　　提问四：啥叫代币？

　　提问五：啥叫币？

　　提问结束了，我们从币说起，正着来回答这些问题。首先，随着互联网的数据流动，我们需要在网上完成交易，这就需要在网上"花钱"。但过去在网上不能花钱，只能"支付"。那支付不就是花钱吗？当然不是。支付需要有第三方进行中介，比如银行转账、支付宝或者微信支付，没有这个第三方就没法完成支付。但花钱不需要第三方，就像你带着钱包去菜市场买菜，一手交钱一手交菜，并不需要一个第三方，你持有的货币（也就是人民币）是自带价值的，这个价值的来源就是国家信用，所以人民币是法定货币。

　　那为什么网上不能直接花人民币呢？因为传统互联网遵循"传输即复制"的逻辑，你通过互联网传输一张数字版的人民币，其实是传输了这张人民币的副本，本体仍然在你手里，你还可以再用同样的方式传给无数个其他人。相当于你把一张人民币花了无数次而不会受到惩罚，这显然是不合理的。

怎样才能真的在网上直接花钱呢？我们就需要打造一种"数字货币"，典型的就是比特币。比特币是一种数字现金，借助区块链进行全网价值公正，这样你花出去的每一个比特币就像线下花钱一样真的花出去了。所以，比特币虽然是数字版的，但却是具备信用价值的，而这个价值就来自全网共识，由此比特币就是用数据通过加密算法制作出来的钱。并且跟传统的货币一样，比特币是同质化货币（Fungible Token，FT），一枚比特币和另一枚比特币代表同样的价值，价值可以互换，不管是谁在什么情况下持有，一枚比特币与另一枚比特币就是价值等同的。除此之外，比特币也可以像传统货币一样拆分价值，比如 100 元可以拆分为 100 张 1 元的，而 100 张 1 元的加起来的价值与一张 100 元的价值等同。这就是"同质化"的意思。

那好，既然都有比特币这样的同质化数字货币了，为什么非要搞一个"非同质化"的玩意出来？这是因为有些数字资产是作为独一无二的整体存在才有价值，一旦拆分就几乎没有价值了。举例来讲，如果你创作了一个专属的微信朋友圈头像，那么这个头像想要有价值就必须作为一个整体存在，你不能说整个头像值 100 元，而每一半头像值 50 元。所以，你需要对这个头像进行单独的价值映射，比如值一张"编号为×××的

100元人民币"。这样一来，"编号为×××的100元人民币"就是你微信头像的价值。但你不能说，你的微信头像值100元，因为每一张人民币都有一个独立的编号，而这个"编号为×××"是唯一的。由此，你将微信头像的价值进行了唯一且不可分割也不能同质的映射，而这张"编号为×××的100元人民币"就是你微信头像的非同质化代币（NFT）。

相比于同质化代币，NFT真正的关键性创新是提供了一套标记原生数字资产（即存在于数字世界或者发源于数字世界的资产）所有权的方法，可以为任何数字资产单独铸造一枚表明其所有权和身份的"硬币"用于唯一地指定这项数字资产。如此一来，我们终于推开了数字世界的身份之门——一切皆可NFT，一切皆有身份。

本章小结

身份的本质是关系，一个孤立个人的身份是没有意义的，身份的价值只有在跟他人互动的时候才能显现出来。现实世界的参与主体是自然人和法人，身份体系是身份标识符；互联网时代发展出了账号体系，参与主体变成了"身份标识符+账号"。

未来数字空间的参与者是数字人。数字人和自然人最大的不同是，现实世界中只存在物理状态下的一个你，拥有一个真实的身份；而在元空间中，你可以拥有多个虚拟身份，除了真身，你还可以有分身和假身，他们的行为，都得你负责。

在真身、分身和假身共同组成的身份系统中，我们必须适应自然人、数字人、机器人、虚拟人等在元空间中的共生共融。NFT 为元空间中的互动提供了身份标识。

第 4 章

孪生

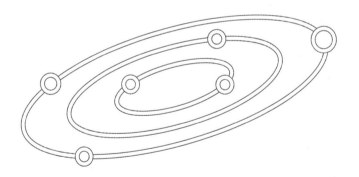

话说西天取经路上，唐僧曾怪孙悟空嗜杀成性而将其驱逐。此时，六耳猕猴假冒孙悟空的模样，打伤了唐僧，抢夺了行李，又到花果山占山为王，点化毛猴成唐僧、沙僧、猪八戒、白龙马模样，声称要自己率队前往西天取经。

沙僧见师父被伤，来到花果山找孙悟空理论，不料被假孙悟空百般刁难，只好到南海观音处寻求帮助，才发现此地也有一孙悟空。真假孙悟空模样无二，本领相仿，打打杀杀不分胜负，到底哪个才是真大圣？就连观音菩萨也分辨不出。

后来真假孙悟空闹到了天宫，玉帝让托塔李天王拿出照妖镜，却没能辨出真假。离开天宫，又打到了唐僧处，唐僧念起紧箍咒，两个孙行者一样喊疼，师父也分不清哪个是真徒弟。打着打着，真假孙悟空打到了森罗殿下。地藏王菩萨派出谛听来辨别，谛听俯伏在地，须臾便有了答案，但谛听认为"不可当面说破"，因为"恐妖精恶发，搔扰宝殿，致令阴府不安"。最后，谛听给出的解决办法是"佛法无边"，让这两个行者去如来佛祖那里评理去。

　　两只猴子来到如来面前，佛祖一语道破了天机——假孙悟空乃六耳猕猴所变。"此猴若立一处，能知千里外之事，凡人说话，亦能知之，故此善聆音，能察理，知前后，万物皆明。与真悟空同象同音者，六耳猕猴也。"那六耳猕猴见如来道出了自己的本象，胆战心惊，化作蜜蜂，急欲逃走，被如来用金钵盂罩住，揭开钵盂一看，果然是一只六耳猕猴，孙悟空抡起铁棒劈头打下，绝此一种。如来慈悲，善哉善哉！

　　二心搅乱大乾坤，一体难修真寂灭。

一

　　《西游记》中的真假美猴王，说的是"以假乱真"的苦恼——六耳猕猴虽与孙悟空"同象同音"，但却打伤唐僧，抢夺取经行囊。但我们换个角度来看，可能会得出完全不同的结论：假如六耳猕猴不作恶，反而与孙悟空携手相助，共同护佑唐僧，那么在前往西天取经的路上，唐僧会不会走得更轻松一些？六耳猕猴不见得非得是孙悟空的敌人，它完全可以成为孙悟空的朋友，或者是"孪生体"，这个孪生体完全可以在孙悟空忙不过来的时候搭把手，也可以在孙悟空西天取经的时候帮着照看花果山，甚至在孙悟空遇到危险的时候帮着脱身。一句话，六耳猕猴可以"借假修真"！

世间万物，成住坏空。一个人、一件产品、一家公司、一座城市，都有其生命周期，遵循从出生到成长再到成熟和衰落的生命法则。当我们想要对某个事物或者某项事务进行管理的时候，就必须要知道这个管理对象当下的状态；当出现问题、想要纠正或者优化的时候，我们就需要这个管理对象过去的情况，才能判断出问题到底出在哪里；一旦我们想要面向未来驱动管理对象发展的时候，我们又需要能够对未来的情况进行预判。这样的管理需求，牵引出了"生命周期"的概念，而在商业领域，就有了"产品生命周期管理（Product Lifecycle Management，PLM）"的理念。这个理念主张，应该从产品需求、规划、设计、制造、经销、使用、维修、回收报废的全生命周期的时间线上收集和处理有关产品的信息，并对产品的全生命周期阶段进行精细化管理，以达到降本增效的目的。

这个理念听起来很好，但如何才能实现全生命周期的信息收集呢？这里面至少存在四个难点：第一，产品一旦被生产出来并完成销售，所有权就从制造商转移到了购买用户手里，这个时候生产产品的公司就很难介入后续的产品使用过程了，收集信息也就变得困难，若是在使用过程中出现产品故障，维修人员只能通过询问用户或者拆解产品来寻找故障原因。第二，产品出厂后，使用场景并不一致，即便是一模一样的产品，在不同的使用场景下性能表现的差异也会很大，那也就意味着，想要做到产品的全生命周期管理，我们还必须收集产品的环境信息，只有将产品和使用环境匹配起来，才能搞清楚产品的运行情况。第三，产品和环境都在持续变化，怎么反映出连续的变化状态，也是一大难点。第四，产品的形态很容易描述，可是产品的运行状态却很难，因为这是一个动态的过程，仅仅采集某个瞬间的数据远远不够，还需要搞清楚不同部件或系统组成部分之间的关系，以及交互的机制。由此，产品生命周期管理的理念提出后，在很长时间内都是一个理论上很好实际上难以做到的事情。

直到数字化技术的应用兴起后，人们才真正找到进行产品全生命周期管理的理想办法，这个办法叫"数字孪生（Digital Twin）"。顾名思义，数字孪生就是用数字化技术将一个物理实体或者系统"克隆"出一个数字化版本，进而基于这个数字化版本对实体进行监测或控制。所以，数字孪生包括两个步骤，一是"以数拟实"，用数据模拟出实体的运行状态；二是"以数控实"，用数据孪生体对实体进行控制操作。这两个步骤想要实现都不容易，因为数字孪生体只能待在数字空间，而实体则居于现实空间，两者之间需要保持同步交互就必须打破虚实界墙。除此之外，数字孪生体是孪生对象的精确复制，需要做到实时同步，甚至孪生体要能够对未来的情况进行预判从而反向控制实体的运行。

既然这么难，为什么一定要做呢？我先举几个例子，看看孪生到底有什么价值。

例一：太空营救。

1970 年春天，载有三名宇航员的"阿波罗 13 号"登月飞船在成功发射进入预定轨道后的第三天，发生了意想不到的氧气罐爆炸事件，飞船供电系统严重受损，舱内温度骤降到 3 摄氏度，而此时飞船正以每分钟 600 千米的速度远离地球，宇航员们已经没法操控飞船，唯一的希望是等待地面控制中心的营救。

收到事故信息后，美国航空航天局地面控制中心的工程师们迅速进入紧急状态，事先创建的 15 台模拟器开始飞速运转。从太空传回的数据实时进入地面模拟器，计算机开足马力运算。很快，一套可行的营救方案就被筛选了出来。接下来，根据营救方案进行模拟预判，每一条发给宇航员的指令都需要在模拟器上反复测试，以检验执行效果，通过后回传给远在太空的航天器。

最终，在事故发生四天后，航天器借助月球引力返航地球，安全着陆南太平洋。在这起美国航天史上"最成功的失败"任务中，计算机仿真模拟物理系统功不可没。若没有这15台"孪生"模拟器的帮助，后果不堪设想。

例二：喷气发动机维护。

英国航空航天和国防厂商罗尔斯·罗伊斯（Rolls-Royce）公司部署了数字孪生技术来监控其生产的喷气发动机使用情况。该公司可以监控每台发动机的飞行方式、飞行条件以及飞行员如何使用它，发动机的运行数据实时传回公司总部，相当于为每一台发动机构建了一个数字孪生体。

多年来，该公司一直为客户提供发动机监控服务，其数字孪生功能使其能够为特定的发动机提供量身定制的服务。它帮助该公司将某些发动机的维护间隔时间延长了50%，使用户能够大幅减少零件和备件的库存。该技术还帮助罗尔斯·罗伊斯公司提高了发动机的效率，大幅度减少了发动机的碳排放量。

例三：孪生人类心脏。

2015年，法国著名工业设计软件公司达索系统（Dassault

Systèmes）启动了"生命心脏项目（Live Heart Project，LHP）"，以通过生物技术传感器和扫描技术为人类心脏建立数字孪生。数字孪生是具有电和肌肉特性的心脏的个性化全尺寸模型，可以模拟真实心脏的行为。它不仅可以支持各种操作，例如贴紧心脏起搏器、反转腔室、切割任何横截面以及运行假设，而且还可以对心脏进行虚拟分析，以便在疾病开始之前为心脏病患者提供护理。

数字心脏还能带来一系列扩展应用：一是借助数字孪生心脏，心脏手术专家可以事先进行手术预演、规划手术步骤，帮助医生设计规划最佳手术方案，提高医生手术质量，降低风险。二是开展各类心脏临床医学的教学教研。无论是医学院还是医院，基于数字孪生的心脏，可以低成本、高效率、高质量地开展复杂医学手术和解剖教学，提高医生和医学院学者的学习效率。三是改进药物、医疗器械的设计及快速通过许可。全球医疗器械行业设计出来的医疗设备，只有45%最终能够得到监管机构的批准。医疗设备制造商可以借助心脏数字孪生体开展药物和医疗器械的仿真实验，大大缩短医疗器械的研发周期，使之能够快速通过医疗部门的认证。

例四：海淀城市大脑。

2018年，北京市海淀区联合百度、中科大脑等科技公司，开始建设海淀城市大脑，2021年年初基本建成，旨在将海淀城区进行全时空的数据孪生。这套城市孪生体包括三个关键构成：一张感知网，由全区14500余路在网摄像机，以及10000多路传感器做支撑；时空一张图，汇聚全区249个专题地图数据，包括基础地理、行政区划、二三维地图、约17万个建筑，以及由127个图层、约130万个数据要素组成的城市部件数据等；两个中心枢纽，分别是大数据中心（负责汇聚政务数据、物联网数据、互联网数据、社会资源数据，目前已接入全区）和人工智能计算中心（可对各类数据进行智能分析处理，并提供智能分析服务和识别结果）。

类似这样的例子还有很多。根据这些案例，我们可以大致归纳一下数字孪生的价值：第一，数字孪生具备远程操控价值，远在太空的航天器在发生故障的时候，地面操作人员是没法直接上手操作的，也不了解现场的实际情况，这个时候，只能依靠数字孪生体来模拟远程航天器的运行情况，并通过数据来传递操作指令。由此，数字孪生体摆脱了空间束缚，使其与实体虽"分置两地"却能"同呼吸共命运"。第二，数字孪生具备实体透视价值，可以让眼睛看不见的东西变得可见，比如一台发动机的内部运行情况，正常情况下我们很难在发动机工作的时候用肉眼看清楚每个部件的实际运行状态，但借助数字孪生体，就能构造出可视化的发动机，实时透视发动机内部，让原本不可见的变得可见，从而为决策提供直观的支持。第三，数字孪生具备扩展价值，就如上面"生命心脏"的例子，心脏决定了生命，所以任何人都不能拿心脏开玩笑，但数字孪生心脏却可以允许医生进行试验和培训，提升医生技能。除此之外，还有利于开发相关的医疗设备，这就是因为孪生而带来的扩展价值。第四，数字孪生具备跨时空协同价值，一座城市的治理涉及无数个部门，牵扯方方面面的关系，而城市治理问题的解决却需要很多部门的协同。数字孪生体的创建是数据链路从各方面归集到一起的产物，自然可以顺着数据链路再反向溯源回去。在数据视角下，城市治理因数据而突破部门高墙，跨越时间周期，最终演变成了数据汇集与分发的动态过程，背后牵动的就是各方权力在数据网络中的协同与合作，海淀城市大脑就是此种情况。

二

　　理解了孪生体的价值，那到底如何进行孪生呢？通常来讲，根据孪生的方法可以分为物理孪生和数字孪生；根据被孪生的对象可以分为对象孪生、关系孪生、决策孪生等。我本人倾向于按照难易程度来分类，同时符合数字孪生由简单到复杂的升维进程，将数字孪生分为"点、线、面、体"四个阶段。干脆我们一起来做个思想实验，看看如何将我工作的单位——北京邮电大学（下称"北邮"）——进行"点线面体"的数字孪生吧。

　　第一步，既然数字孪生体必须生存于数字空间，那我们需要为未来的数字孪生体创建生存空间，这涉及很多准备工作。一是得有足够的数据存储空间，所以北邮首先需要购置大量的服务器，或者购买云计算平台提供的云服务，为将来的数据存储搭建好环境。与此同时，还需要确保数据传输通畅，因此需要部署相应的带宽资源，以确保数据流通。之后，我们需要在云平台上给出一个工作空间，以后整个北邮的数字孪生体都要装进这个空间里，姑且将这个工作空间命名为"孪生北邮”吧。

　　第二步，盘点北邮可被孪生的实体或对象，既包括人、财、物等物理实体，也包括工作流程、事务管理等非实物对象。经盘点，我们将可被孪生的实体和对象列成一个表单，并进行优先级排序，形成按进度推进的工作表。鉴于有些实体和对象已经进行了数据化处理，比如学生的成绩单、教师的工资表和工作量等，所以我们只需要将已经存在的数据表单接入到“孪生北邮”主平台即可。但另有一些实体和对象，还没有被数字化，需要进行逐一孪生，比如教室里的桌椅、校园里的灯杆、办公室里的电脑和打印机、实验室里的仪器设备、食堂里的吃饭档口甚至碗筷杯盘，这些说起来就多了去了，但根据需要我们可以使用不同的方式来进行数字化处理，像是桌椅这样的物体，直接贴上二维码就有可能建立数据交互接口；而对于灯杆连同道路这样的室外物体，我们可以采用监控摄像头这样的方式来采集视频数据即可。还有一些点位，就需要专门开发软件系统来支撑了，比如校门口的扫码登记和车辆进出情况，还有就是食堂饭卡收银以及财务、教务、科研、资产等。我们假定，北邮校园里的所有实体和对象都已经完成了“点孪生”——每个对象都可以进行数据交互，而所有数据都会实时传送到"孪生北邮"平台，至此，"点孪生"阶段的工作就算完成了。

只有"点孪生"显然是不够的，相当于我们只是把北邮校园里的一切原封不动地镜像到了"孪生北邮"这一数字空间里，每个对象就是一个数据点，看起来杂乱无章，毫无意义。这时，我们就需要一条或者多条"主线"来将不同的点串起来，以反映不同实体或对象之间的关系，这就进入了第二个阶段——"线孪生"。

"线孪生"的意义在于将一个个数据点整合成一个线程，以更好理解数据点之间的关系。在信息化领域，这是一项专门的技术，被称作"数字线程"或者"数字主线"。一般来讲，数字线程分为垂直线程和水平线程。垂直线程主宰时间线，比如一个人从进入北邮校园到离开这段时间所发生的按时间先后排列的全部数据交互；水平线程主宰空间线，指的是特定时间横截面上的所有数据点状态，比如某天上午10点整，北邮一共有多少学生在上课、多少学生在休息、多少老师在开会，诸如此类。

线程是数字孪生体的骨架，在构建孪生体的时候一般会先确定数字线程，之后才根据数字线程的指引一步步推进孪生。一旦数字线程确定下来，各个数据点就有了数据交互接口，通过数字线程的不同接口，数据就可以穿越整个数字孪生体，在整个生命周期内，数字线程始终起到"数据整流"的作用——将数据引向线程确立的方向。除此之外，数字线程还是数据点和数字孪生体之间的交互界面，一则将数据纳入孪生体，二则将孪生体的数据指令下达给数据点。例如，通过停车管理这一数字线程，北邮某位老师的车牌号被整合进停车管理系统，当这位老师开车进入校园的时候，到校数据会先上传到停车管理线程，之后停车管理线程就可以给出指令，引导这位老师将车停到合适的位置。理论上讲，没有数字线程的骨架支撑，数字孪生体就失去了行动力。

　　第三步，如果将垂直线程和水平线程这两个维度的数据打通，同时实现数据在时间线和空间线上两个维度的流动，那么我们就进入了"面孪生"的阶段。如果说"线孪生"是构建数字线条的话，那么"面孪生"就是进行"数字织锦（Digital Tapestry）"，是以数据矩阵的方式在无缝的数字环境中构建数字模型，这在数字工程领域有很好的应用前景。例如，洛克希德·马丁公司（Lockheed Martin Corporation）在开发 F-35 战斗机的时候，就运用了数字织锦技术。通常来说，研发战斗机是一项庞大的工程，在时间线上需要对产品模型进行全生命周期的管理；在空间线上，需要整合各个研发团队、工程人员、零部件供应商，以及各式各样的协作单元。2021年2月，洛克希德·马丁公司推出一种可生成飞机结构数字模型的工具——航空通用分析工具集数据管理器（Common Analysis Toolset Data Manager，CATDM），旨在以一种互联的、三维可视化模型方式为F-35用户快速展示飞机结构完整性数据，也就是F-35的数字织锦模型。该模型汇编了F-35的配置数据、分析及其结果，以及不同来源零件的历史文件，包括类型版本有效性、控制点位置、应力分析、现有损坏和修复的照片、检查细节等。用户悬停并点击飞机某个部位，即可查看其需要决策和规划维护活动的数据和分析结果。另外，F-35作战决策者可以直接访问定制版本的CATDM，提供定制的机队管理解决方案及作战管理策略。与历史方法相比，在向用户交付诸如飞机结构维护计划、飞机跟踪报告等数据的成本可降低75%。

　　拿到"孪生北邮"来讲，学校最主要的工作就是进行"双一流"学科建设，那如何使用数字孪生的思想来推动一流学科的建设呢？这时我们可以基于学科构建数字模型，从而展开围绕学科建设的数字工程。跟设计制造一架战斗机非常类似，学科建设也具备很强的工程属性——时间线上五年一个建设周

期，空间线上涉及全校所有部门和大多数学院，且需要推动产
学研结合、科技成果转化、服务社会等工作，与各方协调同步
的需求非常高。针对这样一项举全校之力推动的重大工程，单
一的数字线程已经难以满足要求，必须采用数字织锦的办法，
打通垂直和水平两个维度的数据流动。最为重要的是，数字织
锦可以让所有人全面透视一流学科建设的方方面面，准确识别
各自的职责所在，并进一步弄清楚不同部门不同阶段的不同决
策，到底会如何影响学科建设进程。

　　做到"面孪生"这个阶段，我们距离打造出真正的"孪生
北邮"这一"孪生体"就只有一步之遥了。如何实现从"面"
到"体"的升维呢？答案是形成"数据闭环"。所谓数据闭环，
就是要让数据在孪生体内做到从感知到决策再到行动而后反馈
的正向循环，从而驱动孪生体不断进化生长。从数据闭环的角
度来看，"点孪生"的侧重点在感知，通过感知向数字空间映
射实体和对象；"线孪生"的侧重点在决策，基于数字线程的
流程与分类，其目的是实现快速决策；"面孪生"的重点在行
动，通过数字织锦促发模型创建和工程部署。这样看下来，
"体孪生"就必须侧重反馈，才能最终形成数据闭环。

　　想要驱动这个数据闭环使之正向循环起来，并不是一件容

易的事情。我们惯常的做法都重于数据收集、轻于数据反馈，所以经常出现"数据烟囱"现象——数据顺着烟囱冒上去再也回不来了。这是对数据价值的极大浪费，也不利于孪生体的自我生长。解决这一问题的关键是智能技术在孪生体中的应用。如果没有智能技术的加入，整个孪生体就没有了灵魂，只是无脑的躯干，没法自行进行决策和反馈，数据也就不能自动流动和反馈。

现在我们给"孪生北邮"植入智能技术，构建一个"北邮大脑"来从事数据驱动的决策。如此一来，整个孪生北邮就有了灵魂，这个灵魂将在一系列规则指引下对北邮方方面面的工作进行智能化管理，使之快速迈向既定的发展目标。例如，针对一流学科建设，北邮大脑会根据学科建设的方案和目标体系，在数据分析的基础上判断各个部门、各个学院甚至每个人的工作是否符合一流学科的建设进程，并将发现的问题给到负责人甚至提出改进和优化建议。由此，北邮大脑将与每一个孪生模块产生正反馈效应——跟你交互得越多就越了解你，越了解你就越跟你交互——一个个小的数据闭环就形成了。在小型数据闭环的基础上，北邮大脑可以整合全校数据，指引不同机构和部门之间的协作，进行更大尺度的决策和反馈，以推动一流学科建设朝向既定的目标前进。

　　智能技术的加入，让孪生北邮作为一个整体具备了存在的重大意义，孪生体不但是线下北邮现实生活的数据写实，还诞生了超越于现实的价值。甚至在一定时间之后，孪生北邮会最终完成跟在现实北邮身后进行数据镜像的工作，数据闭环会驱动孪生北邮成长为一个独具生命的数据体，到这时，那个现实的北邮反过来倒成了孪生北邮的写实——北邮之所以是这个样子，因为孪生北邮告诉它应该是这个样子。

　　孪生北邮的案例是一个脑洞实验，当中涉及的想法和技术并不是我臆想出来的，我所臆想的只是孪生北邮这个场景。当中提到的理念和技术，其实产业界早有实践，只是现在还没有形成大规模的应用，或者说还没有取得真正理想的效果。

三

　　既然可以将现实世界中的实体和对象进行数字化孪生成为数字孪生体，而且数字孪生体具备了独立存在的意义，那有没有可能将数字孪生体反向"孪生"成为物理实体呢？简言之，能不能把数字体变成原子体，实现由虚到实呢？再进一步，原子体和数字体可否不分你我，虚实相融共生呢？当然可以。

　　能够将数字孪生和实物制造实现统一的是一项被称作"3D打印"的技术，也称作三维打印、增材制造等。3D打印是仿照打印机的工作原理，在数据文件的命令指引下，将固体原材料粉末或液体原料进行逐层喷涂并粘结，从而造出实物的过程。

　　一般来说，3D打印的工作原理是这样的：设计人员在计算机上利用软件将产品原型设计出来，相当于创建一个数字孪生体，这个数字孪生体既可以是针对现实实体的数字化模型创建，也可以是数字平台上的原生设计；之后，数字孪生体被计算机软件切分成很多个不同的图层，相当于是三维物体的二维切片，每个切片都在计算机里保存成了一个数据文件，这个数据文件构成一组打印指令，这些打印指令输入到3D打印机中，驱动打印机用原材料把一层一层的切片逐片打印出来并连续叠加，最终将立体的实物用无数层切片堆积起来，完成对实物的创建。由于3D打印是一层层把一个物体给"堆"出来的，所以也被形象地称作"堆制造"，在打印过程中，原材料一直在不断增加，直至整个过程完成，不会产生边角料，所以是一种"增材制造（Additive Manufacturing，AM）"。

　　如果说数字孪生是将物理实体进行数字化映射成为数字体

的话，那么 3D 打印就是将计算机中的数字体进行实物化映射变成实体。通过这样一个过程，3D 打印做到了"所想即所见"（数字设计）、"所见即所得"（实体创建）。

作为一种技术理念，3D 打印最早诞生于 20 世纪 80 年代，美国科学家查尔斯·哈尔（Charles Hull）开发了第一台商业 3D 印刷机，并创建了"3D Systems"公司，推动 3D 打印技术的商业化应用。之后，几乎每年都可以看到 3D 打印方面的相关技术进步。人们用 3D 打印机创造过各式各样的东西，包括 3D 打印的汽车、比基尼、巧克力、鞋子、衣服、飞机、手枪、火箭、桥梁、房屋、人造牛肉、人造肝脏组织、实验鼠的甲状腺、人体心脏器官……你能够想到的一切，似乎都可以通过 3D 打印机像变魔术一样"打"成现实。

当然，3D 打印并非没有问题。首当其冲的就是材料难题，目前能够用于 3D 打印的材料还相当有限，在工业制造方面只有塑料、某些金属和陶瓷可以作为原材料，其他的材料要么没法用于 3D 打印，要么就是太过昂贵，解决这一问题还需要原材料和打印机两个方面的技术突破。第二是机器难题，表现在一方面打印机的制作成本非常高，尤其是工业级打印机，包含大量的复杂技术，不但购买成本高，运行维护的花费也很惊人；另一方面，打印机的通用性相对较差，一般一类原材料对应一类成型技术需要一类专门设计的打印机，相当于打印机需要专门针对材料来定制，这会极大限制3D打印机的规模经济效应。此外，3D打印还会产生知识产权的忧虑和道德挑战等难题。在这里，我们关注的重点在于3D打印技术是虚实转换的界面和平台，通过这个平台，比特和原子可以相互穿越界墙，达到数实双生的程度。

成立于2014年的荷兰"MX3D"公司，专注于金属材料的3D打印技术研发和商业应用。2021年7月15日，该公司在阿姆斯特丹最古老、最繁忙的运河河道上安装了一座钢制人行桥，这是世界上第一座使用不锈钢原材料进行3D打印制造的智能人行桥，全长12.2米，宽6.3米，重达4.5吨，可以承受19.5吨的负载。整个桥梁浑然一体，没有拼接部件，造型极具未来感，收获了很多设计奖项。

这座桥梁设计与建造的背后，体现了数实双生的思想贯穿于从设计到制造再到使用的全过程。在设计阶段，欧特克（Autodesk）公司的CAD平台给设计师进行桥梁的数字化设计提供了支持，帮助完成了数字化建模的工作。数字化建模允许结构工程师在设计原型阶段就参与进来，与设计师一道规划整

体设计方案。甚至在设计完成后，他们还使用3D打印技术做
出了一个小型试验原型以检验桥梁的结构。正是根据这个原型
的测试结果，结构工程师舍弃原先的镂空式结构方案，转而采
用了实心钢质桥体的设计方案，使得桥体造型更加美观，桥面
的底部也有足够空间安装各类传感器。

在桥体制造阶段，MX3D公司与著名机器人生产商ABB集
团合作，开发了用于大尺寸物体3D打印的六轴机器人，这些
六轴机器人能够沿着六个不同的运动平面旋转它们的机械臂，
在打印时来回移动，通过分层沉积少量钢水来逐渐生成更大的
结构。最终，MX3D公司在全程没有任何人手参与的情况下，
使用四台六轴机器人，花了六个月的时间打印，建造出了这条
长达12.2米的钢体桥。

更加有趣的部分是，这座充满未来感的桥上装有各式各样
的先进的传感器，创建了智能传感网络，主要用于实时记录桥
梁性能，收集张力、旋转、载荷、位移和振动等方面的数据，
显示过桥人数、过桥速度、结构完整性等信息。这些数据让钢
体桥永远活在了数字空间，成为具备数字生命力的存在。作为
数字体的物化结果，3D打印出来的实体物品与其数字体有着
天然的血脉关系，打开了数实双生的全新空间，比特与原子相

互纠缠，一体双生。

物与数，缠绵悱恻。

四

　　虽然通过3D打印这样的技术可以让数字建模文件通过打印机创造出我们想要的东西，但在"造物"方面，大自然才是真正可以称得上是鬼斧神工的。除了令人惊叹的自然景观，大自然还创造出了无穷无尽的物种，而且很多物种比起人类有更长的历史，在适应环境方面也有比人类更多的优势。正如大自然已经给我们造出了各种各样能够飞行的生物，那我们干吗还要费劲去设计和制造无人机呢？能不能把思路反过来，让那些能飞行的生物做到像无人机那样可控不就可以了吗？

　　持有这种观点的人不在少数，很多科学家和研究人员正在放弃所谓"仿生"这样的技术路线，转而寻求一种可以直接利用生物身体优势的方案——将生物进行机械化改造，变成半生物半机器的赛博生物，以便于对生物体的行为进行智能化操控，服务于人类的特定目的。从20世纪90年代起，有关"动物机器人"的研究开始兴起，比较著名的是日本政府资助的东京大学下山勋（Shimoyama Isao）教授的蟑螂研究项目。下山勋领导的科研团队首先搞清楚了蟑螂触须与背部神经系统的关系，接下来通过电信号刺激蟑螂的触须从而控制其向左还是向右行走。之后，研究人员开发了一款"电子背包"，背包里装有微控制器、信号接收器、脉冲电极和电池等；让这个背包像一名骑手一样"骑"到蟑螂背上，就能用电信号刺激来控制蟑螂的行进方向了。

　　最近几年，随着电子技术的发展，电子背包的重量越来越小，功能越来越复杂，已经不需要人为的远程操控来决定蟑螂的行走路线了，蟑螂可以在智能算法的指挥下自主行动。最近，新加坡南洋理工大学的佐藤裕崇（Sato Hirotaka）教授使用智能化算法，并扩展了电子背包的环境感知功能，做出了可用于自主开展搜救工作的马达加斯加发声蟑螂。这项研究工作更彻底地融合了昆虫平台和微控制器技术，创造了有史以来第一个专为搜救任务而设计的完整昆虫—计算机混合系统，可以在复杂地形下通过昆虫—计算机的"协商（negotiation）"进行高效的搜救探索。昆虫在移动、爬行、飞行甚至跳跃方面，都比人类有着先天的优势，而且在极端环境下的生存能力也更强。基于这些特点，世界各地有很多研究团队在进行机器昆虫或者动物机器人的研究——把昆虫的身体当成行动平台，然后附着电子器件以遥控或者自动化控制的方式进行行动指引，并实现既定的目标。

机器昆虫并不是"数字造物"的终点。利用数字技术来创建实体并指挥实体的行动，这可能会引发很大的想象空间。当然，这里面也会涉及大量的伦理问题需要予以解决。

现在，让我们把数字造物的技术维度稍微降低一下，可否先做到"所想即所见"？比如，把你脑子里想象的东西直接自动化创建出来，呈现在你的面前。最近，一向以算法创新著称的美国硅谷人工智能实验室"Open AI"发布了一套算法，名字叫"达利（DALL-E2）"，据说取这个名字是为了致敬超现实主义画家萨尔瓦多·达利（Salvador Dali）。这意味着，达利算法可能具有一些超乎人类想象的能力。

达利算法能干啥呢？一言以蔽之，它可以把文字描述自动转化为图像。你只需要在其提供的对话框中输入任何一段文字描述，达利算法就会自动根据你的描述绘制图像并生成结果供你浏览。比如，你输入"长得像牛油果的茶壶"，它就会5秒钟内生成10张符合这一描述的高清图片，而且这些图片看起来非常真实。如果你输入的是一段故事情节，那么达利算法也会用图片的方式把这段故事呈现出来，并且符合故事描述的风格。假如你虚构一个不存在的描述，它也会"发挥想象力"，生成能够表达意思的图片。总而言之，只要写下你想看到的东西，达利就会为你绘制出来，就像一台二维版的3D打印机。

本质上，达利跟其他人工智能算法一样，就是一个模拟了大脑神经元网络的数学系统，在训练学习了大量数据之后，找出了文字描述与图像构建之间的关系。显然，这是很大的技术提升，说明机器完全可以理解世界的复杂之处，并迅速从中找出关系和规律。试想，当我们把达利和3D打印技术结合到一起的时候，会怎样提升人类的"造物"能力。

说不定，我们依托算法创新，还能反过来丰富我们的大自然呢。中国有个很著名的年轻数码艺术家林琨皓，艺名大悲宇宙，创作了很多具有想象力的作品，也是中国第一位登上苏富比的数码艺术家。他曾于2019年创作过"虚拟蝴蝶"作品——使用生成对抗网络（GAN），选取自然界里比较有代表性的蝴蝶类型加上海洋生物的纹理作为算法学习的样本。在这个项目中，每分钟就有12只蝴蝶借助他设计的算法得以生成。每只都拥有不同的翅膀形状、颜色和纹理，每只迥然不同的蝴蝶都诠释着他的感知、审美和语境。至2021年年底，已经生成了超过

100万只独一无二的虚拟蝴蝶，超过了大自然中存在的30万种蝴蝶数量。

当然，大悲宇宙虽然生成了70多万只大自然中并不存在的蝴蝶，但这些蝴蝶毕竟只是"虚拟"的，可不可以真正做出一个新的有生命的物种？还真可以。

2020年1月，美国佛蒙特大学和塔夫茨大学的研究团队用非洲爪蟾早期胚胎中的皮肤和心脏细胞组装成一种全新的生命形式，创造出全球首个活体机器人"Xenobots（异源生物）"，可自我修复并自然分解。严格来讲，Xenobots并不是传统意义上的机器人。它长得一点儿也不像人，倒是非常像"吃豆人"，造型有趣，仅有毫米大小，既不是传统的机器人，也不是一种动物。更严谨一些说，Xenobots是一种活的、可编程的有机体。

随后在2021年4月，该研究团队将Xenobots升级到2.0版本。同样基于非洲爪蟾的细胞构建，相比于第一代，它的移动速度更快，寿命更长，能更好适应各种环境。团队称，在实验条件下，Xenobots这些细胞形成了小型结构，具有自我组装、分组移动并感知周围环境、"自下而上"的自组织能力。这一研究成果登上了知名科学期刊美国《科学机器人》（*Science Robotics*）杂志。

　　2021年11月，Xenobots 进化到了 3.0 阶段，研究突破在于，"活体机器人"可以实现自我复制能力。而且，Xenobots 根本上是异种机器人，也就是说，它的后代实际上没有类似人类一样的父母，它们是由不同的 Xenobots 共同制造出来的。研究人员发现，如果将足够多的 Xenobots 放置在培养皿中彼此靠近，它们会聚集并将其他漂浮在溶液中的单个干细胞堆叠起来，用它们如同吃豆人形状的"嘴"将干细胞组装成"婴儿"Xenobots。几天后，这些"婴儿"就会变成外观和动作都跟母体一样的新 Xenobots。然后这些新的 Xenobots 可再次出去寻找干细胞，并建立自己的"副本"，就这样周而复始，不断复制。①

　　如果说传统机器人是硅基机器人，以生命体单元制造的机器人则可以称为碳基机器人。小型化、集群化、利用生物本来特性的思路的碳基机器人无疑将迎来一个新的"爆发点"。

―――――――――――

① 有关"Xenobots"的研究，详见如下三篇文献：

[1] Kriegman S. et al., A scalable pipeline for designing reconfigurable organisms, *PNAS*, January 13, 2020, 117(4):1853-1859.

[2] Blackiston D. et al., A cellular platform for the development of synthetic living machines, *Science Robotics*, March 17, 2021, Vol 6, Issue 52.

[3] Kriegman S. et al., Kinematic self-replication in reconfigurable organisms, *PNAS*, November 29, 2021, 118(49): e2112672118.

本章小结

从机器昆虫到达利算法和虚拟蝴蝶，再到 Xenobots 代表的异源生物，我们连起来看这些新生事物的时候，就能理解"孪生"可以到达的领地究竟有多远。我只能说，500 年前那位想象力爆棚的吴承恩老先生，肯定没有想到——假美猴王，原来非六耳猕猴也！

孪生是一种创生手段。不仅可以物理孪生物理，还可以数字孪生物理，数字孪生数字，物理孪生数字。但无论哪种方式，都离不开对时间和空间的突破——数实界墙不再是障碍，碳基、硅基和数基生命可在无限广阔的时空尺度上自由穿越。

第 5 章

数赚

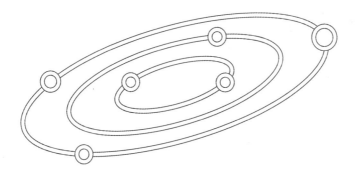

还记得本书开头的那位柳比歇夫先生吗——数十年如一日地撰写时间日记。如今也有一位坚持写网络日记的人，这人叫麦克·温克尔曼（Mike Wenkelmann），美国人，40岁出头，笔名"Beeple"，职业头衔是数字艺术家。

　　与柳比歇夫以时间统计法写日记不同，温克尔曼写日记的方式是"日更"数字艺术品——从2007年5月1日开始，每天在自己的照片墙（Instagram）账号上更新一幅数字艺术作品，雷打不动，从未间断，就连结婚、生子、搬家都没耽误过更新，执着程度堪与柳比歇夫比肩；与柳比歇夫通过写日记进化出一个更好的自我一样，温克尔曼也以日更的方式精进了自己的数字艺术创作水平，虽然他根本不会画画，发布的第一幅作品也相当业余，但经过十几年的坚持不懈，温克尔曼的数字艺术创作已经进入化境。

　　2021年2月16日，温克尔曼将自己的第一组连续更新的5000件作品打包到一起成为一个独立作品，起名叫《每一天：最初的5000天》（*Everydays：The First 5000 Days*）。2月25日，这件作品被放到佳士得拍卖平台以100美元的起拍价开始拍卖。拍卖当天，温克尔曼待在家里与家人欢聚一堂，兴奋不已，像是等待彩票开奖一样激动。家里还来了两个摄像团队，实时记录并向全球直播了整个拍卖过程。

经过很多轮的竞拍，最终《每一天：最初的5000天》这件数字艺术品以43329个以太币（ETH）的价格成交，远远超出了温克尔曼的预期。以至于第二天，如梦未醒的温克尔曼直接将这些以太币清空，兑换出6900万美元现金，相当于4.51亿人民币！

哎，同样都是写日记的，人和人的差别咋就那么大呢？

温克尔曼的这次轰动全球的拍卖活动，让人们看到了在数字空间建立经济体系的巨大潜力。既然数字艺术品——甚至温克尔曼早期更新的都很难称得上是艺术品——能够卖出天价，那是不是任何以数字形式产生的东西都能"有其价"呢？换言之，我们是不是可以对所有的数据明码标价？如果可以的话，那我们不免就会想象，其实我们每个人手上都或多或少保有各种类型的数据，比如你的手机里有很多你自己拍摄的照片，你还发布过很多微博内容、录制过不少短视频，也生产过很多语音，手机里还有大量的社交记录、购物记录、导航记录、浏览记录、新闻消费记录等，这些都是实实在在的数据。问题是，能把这些数据直接变成钱吗？

本章，我们一起来探讨一下如何在数字空间中构建一个以数据为中心的经济系统，以及这个系统该如何运作。

一

在传统环境下，经济系统的存在源于稀缺性，稀缺性来自于两个方面：一是物质资源的有限性，二是人们欲望的无限性。当无限的欲望碰到有限的资源时，稀缺就产生了。受欲望驱使，一个主体想要获得自己没有的资源，通常有三种方式：一是抢劫，用暴力手段将资源据为己有；二是乞讨，使资源方出于怜悯而施舍资源；文明的方式是交换，用自己拥有的资源通过交换来得到自己没有的资源，这就需要一个市场，来制定资源价格，再通过价格调节供需关系。

当数据成为资源的时候，其稀缺性的体现并不像传统经济那么明显。原因在于，数据的复制成本很低，只要产生新的数据，就可以通过复制粘贴的方式得到无限多的数据副本，且由此引发的成本增加并不明显，所以长期以来，我们一直关心的是数据的可获得性如何解决，而不担心其稀缺性。甚至，互联网平台的崛起恰恰就是利用了这一点，用户因为使用互联网公司提供的服务而产生了大量的数据，这些数据虽然都在用户的账号之下存储，但并不妨碍平台对这些数据的搜集，并且平台复制和收集了你的数据，你自己并没有感到减少，因为它们的收集行为仅限于你所拥有的数据的副本，并不会改变你的账号里数据的任何形态。当平台拥有所有用户的数据副本的时候，就可以对这些数据进行分析处理，从而获得任何一个单个用户都没法获得的数据优势，让平台获得对用户行为的"上帝视角"。此外，平台也会向其他机构出售这些数据，以换取收入。

　　这种数据收集方式具有很强的迷惑性。互联网平台一般是以"免费"的方式向用户开放服务入口，吸引用户到平台上来"生产数据"，进而将数据副本据为己有的。起初，用户对数据的价值感知并不高，所以这个时候免费服务的吸引力很大，用户愿意牺牲少量数据的独家占有来换取平台提供的免费服务。但随着用户在平台上积累的数据越来越多，一个矛盾就产生——平台服务的价值已经难以抵消甚至低于用户数据的价值，这就到了用户"数据觉醒"的时候了。更为重要的是，数据越多，用户对平台的担心就越严重，因为平台完全可以将账号注销，从而清空所有数据，这样的事情已经发生过很多起。一个明显的趋势是，用户对于互联网平台所谓"免费为王"的说辞越来越警惕，对于五花八门的弹窗和信息投喂越来越反感，同时对于数据所有权的渴求越来越强烈——我的数据应该我做主。

如何将数据所有权交回用户手里呢？我们需要一套专门针对数据的经济系统。这套经济系统必须具备这样几方面的功能或者特征：

第一，能够对数据进行确权，也就是需要一种机制将数据与其生产方之间形成稳定的链接，以至于在任何时候、任何地方、任何场景下都能明确知晓该数据或者数据集合到底归属于谁。当然，一组数据可能有多个生产方，一个生产方也会生产很多个数据，两者之间必须形成一种映射关系，并且这种映射关系是"可查可验"的，才能达到数据确权的程度。

第二，在数据确权的前提下，这套经济系统还可以根据供需双方的关系来对特定的数据进行市场化定价，以体现出数据的价值，而数据需要通过价格机制才有可能实现流通。由此，我们还需要为数据流通搭建一个市场，这个市场将带来一种撮合机制——将数据资产的供需双方进行匹配，让资产找到人，让人找到资产。继而，在供需动态匹配的过程中形成反映数据价值的市场化价格机制。

第三，交易即合约，数字经济系统必须确保合约可以建立并且能够履行。在现实经济系统中，合约的缔结和履行有一系列法律条文的保障，并有国家甚至国际强力机构来保障其履约。但在数字空间中，合约即共识，算法即强权，所以其合约机制和履约方式都会有很大不同。但无论如何，经济系统必须建基于合约之上。

第四，这套数字空间里的经济系统要能够跟现实经济系统建立接口。商品的背后是人，而人已经嵌入原有的经济系统之中，所以数字空间里的交易活动，其基本理念仍然是现实交易的数字化映射。我们要搭建的并不是一套完全脱离现实经济运行的系统，而是与现实经济有转换接口，甚至能融为一体的系统。这样一来，现实中的大量资产也可以数字化之后映射到数字空间，而数字资产也有机会回归现实经济。

第五，经济活动得有空间承载。现实经济活动发生在现实空间，而数字经济系统则处于数字空间，并且数字空间完全可以是"人造空间"，那么这个人造空间该如何治理？支撑其空间建造的技术应该体现什么样的理念，才能让数据为中心的经济系统得以良性运转？这些问题必须予以解答。

　　上述五个方面，大致勾勒出了以数据为中心的经济系统之样貌，那接下来的问题是，这样的系统有吗？咋玩呢？咱们一步步来看。

二

　　如何进行数据确权？这是首先要解决的问题，只有完成了数据确权才能让数据成为资产，之后数据才能进入经济系统。还是用例子来说明吧。比如，你正在读的这本《蝶变》，就是我在手机和电脑上以数字形式写作出来的，假如我想要把数字形式的这本书完成确权并进行流通，应该怎么做呢？

　　基本步骤其实很简单，先是为这本数字版的《蝶变》构建一个唯一的 ID（身份标识符），相当于身份证明，以表明这份数据资产的独特性。之后，把这本书的 ID 和我本人建立关系，标明这本书是我写的，也就是铸造一份数字签章。接下来，把这个数字签章写到智能合约里，规定好查看和交易的条款并保证自动执行。最后，发布到区块链上，全网见证，若是有交易产生，就自动执行智能合约，自动修改权属关系。

　　步骤很简单，但理解起来是不是很难？别着急，我们一步步展开这几个步骤来详细探查一番。

　　步骤一：制作《蝶变》ID。

　　所谓ID，就是唯一标识，是对获取实体的一种中间标识状态。为一个数据实体生成ID，就是将这个数据实体的元数据输入某种函数并转换为唯一标识的过程。

　　用数学表达，即：$ID=F(X)$。

　　其中，X就是输入的数据，F就是将X转换为特定数值的函数。比较简单也比较常用的转换函数是哈希算法，哈希算法可以将一个数据转换为一个标志，并且很难找到逆向规律，所以在数据加密领域经常被使用。

　　由此，我们只需要借助上述转换公式，就能为《蝶变》这本书的元数据生成一个唯一的标识ID。这里需要注意的是，数据版本的《蝶变》可以通过其元数据生成ID，那么印刷出来的纸质书是不是也可以获得ID呢？当然可以。只不过，我们针对纸质书来说，输入公式的数据是有关这本纸质书的"元数据"，像是版权页上载明的作者信息、出版社、出版年月日、版号等。也就是说，为物理实体生成ID，实际上是为物理实体的特定元数据生成ID。这一点很重要，毕竟我们讨论的是数字空间里的事儿，所以一切必须以数据为载体。

步骤二：部署数据内容。

获得了 ID 之后，需要作出一个决策，《蝶变》的文件内容是否允许别人查看。如果不允许别人查看，那么这个文件内容可以存放在本地硬盘或者任何不对外开放的存储空间。如果允许别人查看，那么又分为两种情况：一种是部署到中心化的服务器上，这样一来，任何想要查看《蝶变》内容的人只需要知道存储内容的资源链接（URL）就可以访问服务器调取数据内容；第二种方式是部署到去中心化的区块链上，比如 IPFS（星际文件系统），这是一种与区块链技术相结合的文件存储与内容分发网络，可永久性、去中心化保存和共享文件，也会提供资源地址以便于用户访问，只不过资源地址的格式不是通常我们熟悉的网址，而是一串哈希数字。

部署文件内容的目的是将已经获得身份标识的数据推入到数字空间中，以方便人们访问。为了安全起见，我们选择将《蝶变》的数据内容部署到 IPFS 上面，这样就能永久存储且内容不会被篡改。

步骤三：铸造 NFT。

上面两个步骤，相当于完成了数据价值的创造。毫无疑问，《蝶变》的数据内容包含价值，而所有这些价值都因为唯一 ID 的存在而变得独特，这种独特的价值对于那些需要这些价值的人来讲就是想要交易的对象。

那如何把这种独特的价值表示出来呢？传统商品的价值是用价格来表示的，价格对应法定货币，所以一定数量的法定货币就是传统商品的价值表示。对于数据来讲，其价值也应该有价格，而价格也应该对应货币。怎么用"币"来表示出数据的价值呢？这就要用到代币（token），又称通证，代币又分为同质化代币（FT）和非同质化代币（NFT）。前者可以理解成普通意义上的加密货币，像是比特币、以太币这样的，都是同质化货币，代表的价值具有同质性，并且可以进行价值拆分和互换，1 个比特币可以拆分为 100 个比特分，也就是说 100 个比特分的价值等于 1 个比特币，我们既可以用 100 个比特分换 1 个比特币，也可以用 1 个比特币换 100 个比特分。但对于数据资产来讲，其价值是个整体，具有唯一性，所以是不可拆分的。例如，一幅完整数码画作所包含的数据价值，不能用 10 个十分之一幅数码画作的价值之和来等同。所以，我们需要一种非同质化代币来表示数字资产的独特价值。理论上，每一笔数字资产都拥有一个唯一的非同质化代币。

既然非同质化代币是数字资产独特价值的专属表示，那怎么得到特定资产的非同质化代币呢？得到NFT的办法，用行业术语来说就是"铸造（mint）"，这是个形象的说法，相当于为一项数字资产专门铸造一枚硬币，让这枚硬币唯一且完整地表示这项资产的价值。

很多平台都提供铸造NFT的技术支持，不同平台提供的方法会有一些差异，但基础逻辑基本一致。就以《蝶变》来说，要完成这本书NFT的铸造工作，大致需要完成这样几个动作：一是准备个数字钱包，用来"装钱"，所有的数字货币都要装在数字钱包里，花钱的时候取出，挣钱的时候存入。所以，数字钱包是你个人管理自己的数字资产的核心工具，数字钱包的地址也就成为最重要的身份体系，可以说，平台只认钱包不认人。

二是选择一条铸造NFT的区块链公链，比较常见的是以太坊公链。接下来，以太坊公链会要求你提供数字钱包地址，通过这个数字钱包地址来建立链上数字资产的账户。以后，你在以太坊上所有数字货币的取出和存入都要通过这个数字钱包地址。

三是为《蝶变》创建智能合约，以太坊公链上支持NFT的协议标准是 ERC-721。选择"创建新项目"，就可以将《蝶变》的元数据上传。需要强调的是，《蝶变》的具体内容并没有上传或者存储到区块链上，而是在上一个步骤里部署在了 IPFS上，真正上传到以太坊智能合约里面的是关于《蝶变》的元数据，即文件的ID、名称、作者、时间戳和指向文件存储地址的链接。区块链上并不适合存储大型文件，所以数据内容往往存储在链外，通过地址链接来访问。相当于，其他用户在区块链上只能看到这些有关数据资产的元数据，不能直接调用数据资产。当然，我们完全可以在智能合约中指定可以共享的部分内容，比如《蝶变》第1章的全部内容，这需要为这一章的内容单独创建一个资源地址，其他用户在被允许的情况下可以获得地址进行访问。

最后，将智能合约的所有信息字段全部填写完毕之后，就可以进行NFT的"创建"。创建的实质是将制作完成的智能合约发布到链上，实现全网见证，其表现形式是生成一个去中心化应用程序（DApp），相当于在应用商店（App Store）上创建了一个应用程序（App），只不过链上的 App 是去中心化的（decentralization），所以称作 DApp，其他用户通过点击这个DApp 才能查看《蝶变》NFT 的具体内容。由此《蝶变》就变成了我所持有的数字资产——拥有唯一的数字签章（非同质化代币），且所有权归我所有。但这个时候的数字资产仅完成了确权的工作，还不能出售，还需要点击"出售"上架。此外，我们还需要选择定价方式：一种是直接标注价格，出到标注价格就可以买走；另一种是出价最高者得，相当于拍卖的方式。当然，无论选择哪种方式，标注价格的时候必须使用同质化代币（FT），例如比特币或者以太币等。

经过这样一番操作，我们就完成了数据版《蝶变》的通证化处理，让这个数据资产具备了价值表示的方法，由此就可以将该项数字资产推入市场进行交易了。

步骤四：交易与处理。

如果你对《蝶变》感兴趣，你就可以查看有关这项数字资产的链上信息，包括标明归属权的元数据和部分可公开查看的内容（如第1章的内容）。进而，如果你想要获得这项数据资产的全部价值，那就需要你依据我设置的出价方式（直接购买还是出价拍卖）来参与购买，交易一旦达成，比如在规定时间内你的出价是最高的，那么将触发智能合约条款，在从你数字钱包里扣除相应的代币之后，这项数字资产的NFT就转移到了你的数字钱包中，不再归我所有。

以上四个步骤，就是对数字资产进行确权并使其价值予以表示进而变得可交易的大致过程。温克尔曼的天价拍卖，跟这个过程基本一样。据传，花费43329个以太币拍得《每一天：最初的5000天》这件数字艺术品的是两位新加坡籍印度人，他们真正获得的是两样东西，一样是这件数字艺术品本身，另一样是这件艺术品的所有权者证明，即NFT。假如我们不知道这两位持有者到底姓甚名谁，而有一天这件数字艺术品被黑客盗走后又被找回，那怎么证明这件艺术品到底是谁的呢？这个时候，他们就可以出示NFT来宣称对这件艺术品的所有权。

三

NFT推开了加密经济的大门，理论上，我们可以为所有的资产，不管是数字形式的还是实体资产，铸造一个加密NFT，然后发布到区块链上进行全网见证，从而可以让资产流动起来，当真是万物皆可NFT化。

需要注意的是，NFT只是资产的权益证明，并不是资产本身。我们为《蝶变》铸造的NFT，实际上是把这本书给证券化了，只不过这份载明权益的证券是独一无二、不可分割的，其他人要么把整个NFT买走，要么一点儿都买不走，这就是NFT的不可分割性。除此之外，NFT与普通的权益证明文件的不同之处在于，普通文件你只能自己找个安全的地方放起来，一旦丢失了可能就找不回来了，或者说能够公正你权益的机构如果不存在了，那么这份证明也就很容易失效了。但NFT一旦铸造成功，就相当于在全球区块链网络的所有节点当中保存了副本，受整个互联网链接点保护，即便有些计算机退出网络或者被毁坏，只要还有少量节点在运行，那么这份权益证明就是存在的，要让NFT彻底消失，这种情况发生的概率与整个互联网被终结差不多。

NFT的价值确权与价值表示逻辑，暗含着互联网价值变现的范式转换。在本人拙作《蝶变：数字商业进化之道》一书中，我曾详细解读过早期互联网公司是怎么找到可持续赚钱的逻辑，从而让互联网成为一个蓬勃发展的产业的。[1]概言之，互联网历经只读互联网、可读写的互联网、移动互联网、万联网等不同阶段的发展，其内容生产和消费的形式一路升

---

① 有关互联网的商业变现模式，详见：杨学成：《蝶变：数字商业进化之道》，北京联合出版公司，2020。

维，从简单的文本信息发展到图片、语音，以及现在普遍流行的短视频，但无论怎样的内容形式，其内容变现的范式始终如一，那就是广告。而广告的背后是注意力，是广告方花钱聘请平台以相应的内容来获取最多注意力的玩法，所以信息在这个阶段——无论其格式是文本还是图片、短视频——究其本质，都是捕获用户注意力的手段，而赚取的广告费数额就成了信息质量好坏的评判标准。这种广告变现情景下，信息或数据本身不是资产，不能直接变现，只能借助广告进行间接变现。

2008 年，中本聪提出了比特币这一数字现金形式，被认为是开启了"价值互联网"时代的标志性事件，支撑比特币发行和流通的区块链技术扮演了价值互联网基础设施的角色。2013年年底，针对比特币区块链网络的缺陷，程序员维塔利克·布特林（Vitalik Buterin）发布了初版以太坊（Ethereum）白皮书，大意是"下一代加密货币与去中心化应用平台"，附加了智能合约等功能。以太坊也发行了自己的加密货币以太币（ETH），是一种类似于比特币的同质化货币。

2017 年，正值以太坊生态开始发力之时，原本两个不在加密货币圈子的开发者机缘巧合之下带着一万个像素头像来到了这个生态当中，并由此开发了世界上第一个NFT项目——加密朋克（CryptoPunks）。原本是做移动 App 开发的马特·霍尔（Matt Hall）和约翰·沃特金森（John Watkinson），在 2017 年年初制作了一个像素角色生成器，并创造了许多很酷的像素角色头像，包括 9 个外星人朋克、24 个猿人朋克、88 个僵尸朋克、6039 个男性朋克和 3840 个女性朋克人物。当他们在想围绕着这些头像还能进一步做一点什么事的时候，他们关注到了区块链和当时正靠着 ERC-20 通证标准逐渐火热的以太坊。[①]于是他们便决定将这些像素头像放到区块链上，让这些本身也十分具有个性的像素头像通过区块链的特性可以得到验证，并让它们可以被他人拥有或者允许被他人转给其他人。

　　由于当时专门面向 NFT 领域的 ERC-721 或者 ERC-1155 通证协议还并未诞生，所以两人通过对 ERC-20 的标准进行了适当的修改，最终将这些极具朋克精神的像素头像成功地搬到了

---

① ERC 是 Ethereum Request for Comment 的英文缩写，20 是编号。参考了互联网领域的 RFC——征求修正意见书（Request for Comment，RFC）是互联网工程任务组创建的一系列工作备忘录，后来演变为用来记录互联网规范、协议、过程的标准文件。在以太坊上，ERC 被用来标注与代币或通证有关的标准，ERC-20 是"可互换通证"的标准协议，而 ERC-721 是不可互换的、非同质的通证协议标准。

以太坊上。由此，世界上真正意义上第一个NFT项目加密朋克（CryptoPunks）诞生了。它开创性地将图像作为加密资产带入了加密货币领域里，在当时各类代币满天飞的时候，作为一股清流给了众多从业者新的启发。

2017年10月，随着加密朋克在以太坊上被炒得风生水起，这种非同质化的代币也带来了新的思潮。Dapper Labs[①]团队受到加密朋克的启发，推出了专门面向构建非同质化代币的ERC-721通证标准，并且随后基于ERC-721，Dapper Labs团队推出了一款叫作"加密猫（CryptoKitties）"的游戏，让每一只数字猫都体现得独一无二，其价值不可复制——稀缺才能让价值最大化。这种在价值塑造的呈现方式上面的创新，使得加密猫迅速走红，并成为市场的主流，于是NFT开始大行其道。

ERC-721协议的出现，其重要性相当于信息互联网时代的万维网协议（WWW），大幅度降低了将独特资产映射到区块链上的成本，同时为NFT的智能合约提供了标准接口，使NFT的流转和所有权的追踪成为可能。作者们可以将自己的作品通

---

① Dapper Labs是加拿大的一家区块链游戏服务商，加密猫游戏的开发方。在《快公司》杂志公布的2022年全球最具创新力公司中，Dapper Labs成为唯一入围的加密项目公司，并在最具创新力的游戏公司中排名第一。

过 ERC-721 协议打包成为 NFT，而收藏者可以直接在 OpenSea[①]
等交易平台进行浏览和购买，依托便捷的区块链网络，双方直
接交易省去了烦琐的中间环节，并实现了全时间不间断交易，
清晰的所有权路径也杜绝了赝品，买卖活跃度和流通性对比传
统艺术市场已然大幅提升。

由此，信息内容迎来了全新的变现范式——直接变现。用
户创建的任何内容，都可以仿照加密朋克或者加密猫的方式，
通过 ERC-721 协议生成唯一的权属证明——NFT，进而通过交
易 NFT 来获得比特币或以太币等数字现金，实现"数赚"。

四

NFT 的出现，让人们在数字空间中建造全新的世界成为可
能，我们完全可以将那些不停在互联网上贡献内容和生产数据
的用户，吸引到 NFT 驱动的加密世界中，并以代币经济的方式

---

① OpenSea 成立于 2017 年 11 月，是一个 NFT 交易平台，由毕业于布朗大学的德
　温·芬泽（Devin Finzer）和毕业于斯坦福大学的亚历克斯·亚特拉（Alex
　Atallah）联合创立，依靠 NFT 交易的手续费盈利，现在是世界上最大的 NFT
　交易平台。

鼓励他们在这个新世界中进行各式各样的创造，并且赚钱。

接下来，让我们考察几个案例企业，看看它们又是如何在"互链网"时代找到适合的商业模式，并构建起自身的经济体系的。

第一个案例是被称作"元宇宙第一股"的罗布乐思（Roblox）。该公司于2021年3月10日在纽约证券交易所成功上市，市值很快飙升到了400亿美元，受到各方的热议和解读。在这里，我们感兴趣的不是罗布乐思在资本市场上的抢眼表现，而是其搭建自身商业模式的方法。

罗布乐思创始人之一大卫·巴斯祖基（David Baszuki）早在1989年就创办过一家教育科技公司——知识革命（Knowledge Revolution，KR），通过一个基于模拟程序的二维实验室，为学生和老师提供一种更为便捷直观的教学模式。在这个模拟程序上，学生和老师可以用虚拟滑轮、斜坡、杠杆等来模拟物理问题，实际上，巴斯祖基希望在计算机世界里建立第一个完全使用动画技术的物理实验室。这个创意获得了人们的注意，并且还带来了很多新的发现。比如，他观察到学生们除了模拟教科书中的物理实验之外，还会利用该程序创造更多有意思的东西，甚至会模拟汽车碰撞、建筑物倒塌等。这些事情让巴斯祖基认识到玩家自己的创造力远比物理教科书中的内容更具吸引力。应该说，这个伟大的洞见贯穿了后续所有的事情。

1998 年，巴斯祖基把 KR 公司以 2000 万美元卖给了一家工程软件公司，他本人也进入这家公司当了一段时间的高管，但他很快就挂靴而去，做起了天使投资的生意，之后开始了全新的创业之旅。这一次，他与 KR 工程副总裁埃里克·卡塞尔（Erik Cassel）一起，做自己真正想要做的事情。2004 年，罗布乐思（Roblox）诞生。Roblox 是一个混合词，前面是机器人（Robots），后面是方块（Blocks），合并起来就是"机器人方块"的意思。那这个"机器人方块"要干什么事情呢？巴斯祖基说："Roblox 是一个 3D 社交平台，你和你的朋友可以在其中假装身处不同的地方。你可以假装在参加时装秀，或者假装你在龙卷风中生存，或者你想去比萨店工作，或者你是一只鸟，靠捕虫生存。在 Roblox 上，人们在社区创建的 3D 环境中玩耍。"由此可以看出，巴斯祖基想要建立一个想象力的汇聚平台，而且他看到了 3D 环境的重要性。

理念很好，关键是如何发展起来呢？罗布乐思诞生不久，就发布了一个开发工具套件包——Roblox Studio，借助这个开发工具包，用户可以轻松创建游戏和模拟应用程序，这样个人创作者和开发者就可以构建、发布和操作 3D 体验，然后向全网发布，感兴趣的用户就可以采用一次性购买"游戏通行证"或者分次购买"开发者产品"的方式进入社区空间。这种方式类似于苹果公司的应用商店——对开发者提供工具套件，降低开发门槛；用户可以在平台上选择下载开发者开发出来的应用程序（App）；而平台扮演管理者的角色。然而，3D体验的技术门槛还是很高的，但罗布乐思早期的开发功能相当有限，画面质量非常差，用户体验并不好，很难说服用户掏钱，平台一度陷入增长停滞的状态。经过几年的打磨和煎熬之后，罗布乐思选择引入类似Q币这样的虚拟货币机制"Robux"。持有Robux的用户可以在商店消费或者进行会员权益购买，获得专属功能或道具等。这种方式让罗布乐思具备了商业模式的雏形，走出了低谷，并于2009年获得第一笔融资。

融资之后，罗布乐思大幅度提升了Roblox Studio工具的可用性，进一步丰富了创意功能选项，并将设计门槛进一步降低，做到即使是儿童也能零基础上手创造一款游戏。这些做法很快吸引了更多的用户参与创造，尤其是随着移动端的推出，罗布乐思成了最受欢迎的儿童娱乐平台。2013年，罗布乐思推出了"创作者交易计划"，允许创作者获得来自他们作品收入的一部分作为报酬，创作者可以自行设计他们游戏中的经济模型和付费内容，用户在他们作品中消费 Robux，创作者便能获得其中一部分收入的 Robux，而 Robux 可以直接兑换成现金。这一计划点燃了创作者的热情，很多年纪轻轻的创作者通过罗布乐思获得了人生中的第一桶金。比如，2016年，23岁的亚历克斯（Alex Binello）凭借在罗布乐思平台上开发的"乐高方块人（MeepCity）"获得了百万美元的收入，而他竟然从来没有上过一堂计算机编程课，完全是在"用创意发电"。

如今，罗布乐思还在继续拓展其空间。包括宣布入驻 Oculus Rift 平台，让创作者可以在虚拟现实平台上设计 VR 游戏和体验。此外，罗布乐思还与腾讯公司成立了合资公司，致力于开拓中国市场并推动沉浸式教育等业务。

罗布乐思的案例，在单纯的商业模式层面，没有特别重大的创新，只是借鉴了苹果应用商店的框架，再加上腾讯早就已经在应用的游戏币模式，驱动用户加入社区并进行创作。但从罗布乐思的成功中，我们可以洞见一种全新的可能——过去也有很多用户从事用户原创内容（User Generated Contents，UGC）活动，这些内容也包含了大量的创意价值，但却在传统互联网空间里缺少直接变现的途径，那我们可否借鉴罗布乐思的模式，将 UGC 转化为数字空间中的用户原创作品（User

Generated Works，UGW），进入类似于罗布乐思这样的经济生态之中呢？这是完全有可能的。除此之外，目前的罗布乐思平台还缺少关键的一环，那就是创作者对作品的完全所有权。有恒产者才有恒心，如果不能解决产权问题，那么罗布乐思将摆脱不了平台和应用之间的矛盾关系。

接下来我们看第二个案例，去中心化大陆（Decentraland）。这是始于2015年的一个概念，是一款比较早的区块链沙盒类元宇宙游戏，2020年年初正式向用户开放。初期，这个游戏空间中除了团队的基本建筑之外，大部分土地都是空的，也没有什么人气。但目前去中心化大陆的主城区"创世之城（Genesis City）"已经具备了一个现代化城市的全部功能，创作者们甚至搭建出了博物馆、夜店等丰富的娱乐设施，还有很多企业在其中举办品牌推广活动、举办展览甚至开会。

去中心化大陆的名字也分为两个部分，Decentralized是去中心化的意思，Land是土地、大陆的意思，合起来就是"去中心化大陆"。2011年，曼努埃尔·阿罗兹（Manuel Araoz）是就读于布宜诺斯艾利斯理工学院（Instituto Tecnológico de Buenos Aires）的一名计算机科学专业的大学生，这所大学被称为"阿根廷的麻省理工学院"。在密码学课程中，阿罗兹发现了中本聪的比特币白皮书，从此迷上了区块链。毕业后，阿罗兹加入一家比特币支付业务公司比特付（BitPay），结识了很多加密爱好者，其中包括去中心化大陆的创始人之一埃斯特班·奥达诺（Esteban Ordano）。当时，他们都属于一个加密爱好者的圈子"伏尔泰之家（Voltaire House）"。

　　2015 年开始，阿罗兹与奥达诺等人一起讨论创建新型区块链环境的可能性，他们最初的想法是"如何构建区块链驱动的虚拟体验？"当时只是一个思想实验，而且大多不切实际，但"3D 空间的所有者可以决定空间的某一部分存在什么"的想法开始变得有意义。接下来的两年，团队不断推进他们的想法，一次又一次地回到构建完全透明的体验，一种开源并受其社区监管的想法，那是一种新型的虚拟世界，一片去中心化的土地。由此，去中心化大陆的概念就成型了。2016 年，他们开始开发"青铜时代（Bronze Age）"版本的去中心化大陆，本质上是一个分割成片地块的 3D 世界。2017 年 3 月，青铜时代部署在了测试网上。随后，团队发布了一份白皮书，概述了他们的愿景：建立一个由社区管理并以链上经济为特色的虚拟世界。

　　去中心化大陆里面的地形被细分为一块块的土地，每块土地的详细信息都存储在基于区块链的账本上，相当于每块土地对应一个 NFT。用户想要获得土地所有权，就需要出钱购买相应土地的 NFT，平台提供特有的代币"MANA"。8 月 17 日，去中心化大陆开启募资，希望筹集 86206 个以太币（当时等于 2600 万美元）。不到 35 秒钟，份额被抢购一空，去中心化大陆募集到了足够的建设资金，共计 2000 名购买者。

　　2018 年，去中心化大陆推出了软件开发工具包，使开发人员能够创建可部署在土地上的虚拟场景。与之配套，平台交易之家"Land Marketplace"同步上线，用于处理使用 MANA 的 NFT 交易，包括头像、饰品等，也可以使用 MANA 购买一件夹克、一个龙头、翅膀或者任何数量的其他配件，这些都是由创作者制作的。正是因为在去中心化大陆空间中可以进行真实的商业交易，所以其中的数字土地也就具备了价值来源。数字土地的持有者可以通过商业经营或者租赁的方式来收回土地的成本并实现盈利。例如，用户可以租一块数字土地用于举办数字展会，开办购物店，或者举行品牌推广活动等。与在现实世界中一样，那些客流量大、商业活动丰富的地区总是会体现出更高的商业价值，数字土地也遵循同样的逻辑。NFT 项目 Ludo Labs 的创始人阿尔亚曼·维尔（Aaryaman Vir）开发了一个协议——Boson Proto-col——这个去中心化网络协议可以支持在虚拟世界中购买实体物品。该项目在去中心化大陆中购买了价值70多万美元的数字地产，计划在这块土地上开发并运营一个虚拟购物中心。

去中心化大陆将人类在一片土地上开荒并建设一座繁荣城市的过程"复刻"到了数字空间之中，连同现实社会中的经济运行系统也一并被搬到了这座数字城市。不同之处在于，关于数字空间中的资产权益，去中心化大陆并没有采用传统的处理方式，或者说传统的处理方式很难适用于新环境。由此，一个人在现实世界中如何工作和赚钱，那么他在数字空间中也可以同样的方式赚钱；企业是怎么经营发展的，那么在数字空间中也可以如此这般，只是需要借助于去中心化大陆提供的工具来完成向新大陆的"移植"。

更进一步，在我们可以将现实经济系统复刻进数字空间之后，会不会带来一些数字"原生"的商业模式呢？让我们来看第三个案例，阿蟹无限（Axie Infinity）。

2017年年底，就在加密猫作为首个使用ERC-721标准的NFT数字资产上市后不到一个月，越南一家名为Sky Mavis的游戏公司，其创始人兼首席执行官（CEO）阮楚成（Trung Thanh Nguyen）提出了一个新想法：如果将"宝可梦精灵（Pokemon）"的游戏玩法与加密猫的NFT所有权和繁殖的玩法结合起来会怎样？这就有了阿蟹无限。说干就干，阮楚成于2017年12月开始进行游戏搭建，随后迅速招募了几位重要合伙人，确定了五位负责人组成的联合创始团队。2018年2月，公司进行了创世精灵（Origin Axies）的预售[①]，首批阿蟹角色以NFT的形式出售，筹集到了900个以太币，获取了最初的启动资金。3月，他们推出了自己的NFT市场；5月，发布了繁殖（breeding）功能，允许玩家繁殖阿蟹，创造新的精灵；10月，玩家可以使用他们的阿蟹进行战斗；2019年1月，他们通过出售数字土地筹集了3200个以太币。至此，一个全新的系统基本上就形成了。

　　下面我们分析一下阿蟹无限的经济逻辑。阿蟹无限采用策略游戏的设计思路，玩家获胜更多取决于技巧而非运气，其经济活动主要依赖于两大核心功能——战斗和繁殖。战斗获胜赢得代币奖励，繁殖消耗代币，这就构建出了逻辑自洽的经济闭环。

　　具体的游戏规则很简单：在进入游戏之前，玩家需要先以加密货币购买三只阿蟹精灵，并利用这三只数字精灵进行战斗

---

① 阿蟹（Axie）是这款游戏中的精灵或者数字宠物，也是游戏中最主要的角色。

赢取代币，或者进行繁殖获得新的精灵。新进入的玩家并不是从阿蟹无限官方或者其运营公司手里购买精灵，而是直接从玩家那里购买。所以，在公司投放创世精灵之后，游戏里新增加的精灵就都来自于玩家繁殖产生，每只精灵都通过NFT来登记产权归属，并完全属于购买或繁殖该精灵的玩家。

新进入的玩家必须从其他玩家手中购得三只精灵，才能获得游戏入场券。已经进场的玩家可以利用现有的精灵繁殖出新的精灵，每只精灵最多可以繁殖7次且不能近亲配对繁殖，每一次繁殖活动需要消耗4个AXS（Axie Infinity Shards）加上数量持续增加的SLP（Smooth Love Potion）代币，以控制精灵的产出速度，减缓通货膨胀。玩家通过战斗（分为玩家对玩家PvP和玩家对环境PvE两种）以及完成日常任务来获得SLP代币，用以喂养新的精灵。

这个生态系统采用外循环和内循环两大闭环代表了价值创造和价值消费的两大体系。在外循环中，用户需要花费美元来购买代币（如ETH），使用代币进入生态系统购买精灵，这时资金进入系统；之后让这些精灵进行网络互动，赚取链内的AXS和SLP代币，再通过消费这些链内代币来进行繁殖，从而生成更多的个人NFT，最后择机出售这些精灵以换取美元，资金离开系统。

在内循环中，玩家可以通过销售精灵或者通过战斗赢得链内代币来产生收入，也可以从链内交易所直接购买链内代币，这时美元会因为用户购买链内代币而进入系统，当用户出售手中持有的链内代币时，可以转换成美元，使得资金离开系统。

总之，外循环和内循环都允许在链内链外建立资金进出的接口，实现了"买宠繁殖—对战打币—卖出换钱—继续买宠繁殖……"的经济闭环。由于包括精灵、代币在内的所有数字资产都完全归用户所有，所以交易过程是在玩家和玩家之间展开的，而交易所获的资金收益的95%也都归玩家所有，剩下的5%则会流入"社群金库"之中，作为维持游戏运转的成本以及活动奖励的来源。阿蟹无限在过去几年实现了令人瞠目结舌的增长，同时在工作和娱乐的交叉领域开创了一个全新的模式：边玩边赚（Play to Earn）。在菲律宾和越南，许多人辞掉工作，每天玩几个小时的阿蟹游戏就能过上更好的生活。这些玩家在游戏中可以赚取代币，而这些代币又能换取法币，法币就可以用来支付食物、住所、医疗费用和其他生活所需的物品。在阿蟹无限的案例中，加密货币与现实经济产生了直接的联系，为玩家提供意义、收入和生存机会，正在重塑工作本身。

　　游戏之外，加密经济已经开始将我们的娱乐、学习、组织活动、社交以及发明创造的方式与收入和所有权紧密结合起来，这也就意味着，我们生活的方方面面都在发生变化，远远不只游戏这一个领域。下面，让我们再举几个简短的例子以阐明这种模式。

　　例一：边学习边赚钱（Learn to Earn）。

　　类似于"兔子洞（RabbitHole）"这样的网站正在探索一条通过学习赚钱的方式，平台协议会发布一系列学习任务，并给予完成任务的用户以代币奖励。用户不仅可以通过学习获得收入，还能提升自身的价值，并获得协议的所有权。兔子洞还可以根据用户的学习经历来生成用户的链上个人简历，由于所有学习活动都能做到链上可见，所以这些学习活动就能成为用户简历的直接证明。据此，兔子洞就能通过算法将这些学习活动经历转换为一种声誉机制——经验值，以此来决定用户在链上的等级。这样一来，用户在找工作的时候，只需要将链上钱包地址发给面试官，就可以让面试官看到其真实的学习经历，甚至面试官只需要知道应聘者的兔子洞等级，就能决定是否录取。

　　例二：边贡献边赚钱（Contribute to Earn）。

通过悬赏机制招募人员，以商定的价格或持续时间完成明确定义的任务，通常是金融、开发和设计方面的工作。前来应召的"赏金猎人"既可以单独行动，以自己在某个领域的专业技能来作出贡献，获得赏金奖励，也可能临时组建团队，作出集体贡献。这种方式的核心是借助区块链网络构建的智能合约，能够让所有条款对所有人清晰透明，并且大幅度降低协调成本。目前，这类模式下以服务型居多，比如软件开发类的RaidGuild、面向资金管理服务的LIama、面向治理挖矿的Fire Eyes等。可以想象一下，依托这种模式可以重新改造现有的零工经济平台和众包类的工作。

例三：边跑步边赚钱（Move to Earn）。

游戏开发团队"寻找佐藤实验室（Find Satoshi Lab）"于2021年9月创立了一个名为"STEPN"的项目，是基于Solana公链的一款NFT游戏，采用边跑步边赚钱的模式。相当于把区块链上的虚拟数据与现实世界玩家的某种行为进行绑定，以运动、移动作为贡献数据赚取代币收益的一种方式。玩家需要在STEPN应用内的NFT市场上购买虚拟跑鞋才可以参与游戏，之后通过在户外散步、跑步等方式来赚取平台代币，并交易跑鞋、宝石、徽章等NFT。根据官方白皮书，这款游戏旨在推动数百万人过上更健康的生活方式，将他们带入 Web3.0 [1]世界，并为碳中和作出积极贡献。

上面这样的小例子我们还可以举出很多，像是边写作边赚钱（Write to Earn）、边吃边赚钱（Eat to Earn）、边睡觉边赚钱（Sleep to Earn）、边喝边赚钱（Drink to Earn）、边冥想边赚钱（Meditation to Earn）、边唱边赚钱（Sing to Earn）等。这一类模式我们可以统称为"× to Earn"，其实质是将用户的行为导引到项目产品的价值上同时获得收益的过程。× to Earn 是一种去中心化的利益分配机制，将原本贡献参与者因为行为而产生的收益交还给参与者。这就跟传统的互联网平台有着本质性的区别了。在互联网平台上，用户产生的行为数据一方面并非用户独有，另一方面也不能直接产生收入，且行为数据会被平台收集并占有这些行为数据的收益。

× to Earn 模式是互链网在经济体系上与传统互联网最本质的区别。

---

① Web3.0 是一种面向未来的互联网技术构想，是由以太坊联合创始人加文·伍德（Gavin Wood）于 2014 年提出的，主要是指相对去中心化的，以用户个人数字身份、数字资产和数据完全回归个人为前提的自动化、智能化的全新互联网生态系统。

本章小结

如果说罗布乐思的商业模型借鉴了传统互联网的平台模式的话，那么以去中心化大陆为代表的链游公司则是直接将传统经济模型照搬进了数字空间之中。直到以阿蟹无限为代表的去中心化的NFT交易出现，互链网才奠定了其专属的商业范式。有别于传统互联网，×to Earn模式驱动了"直接变现"范式的创立。未来，会有越来越多的全新玩法出现，但基于NFT的数据资产确权和去中心化的收益分配机制将会是最基础的底层逻辑。

当然，想要完成这一范式的转换，相应的组织体系也要发生变革。下一章，我们来讨论如何因应趋势的发展，在组织体系上进行成功"布DAO"。

第6章

布
D
A
O

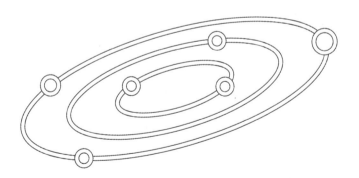

2021年，美国苏富比拍卖行计划于当年 11 月 18 日拍卖"美国宪法副本"。这个副本来头不小，是 1787 年美国宪法的"官方版"和宪法最终文本的首次印刷版本中的一套，也是制宪会议 11 套现存副本之一，更是唯一一个仍然由私人收藏家拥有的副本。此外，这也是 33 年来，苏富比拍卖行首次公开拍卖该类藏品。

11 月 11 日，几名网友听说了这个消息后，开了个电话会议，然后萌生了一个大胆的想法——通过众筹的方式筹措资金并参与这场竞拍，如果拍到手，会将这份副本公开展出，"将美国宪法归还人民"。很快，他们就在区块链平台"果汁盒子（Juicebox）"上创建了一个名为"Constitution DAO"的组织，同步发行了治理代币 People，按照 1 个以太币=100 万个 People 币的方式进行兑换，目标是筹集到 2000 万美元。

这个项目的消息在社交网站推特上公布之后，引起了很多人的关注和讨论，各方媒体也进行了报道。四天后，共筹集到了 1235.541 个以太币，相当于 540 万美元，募资金额达到了目标值的27%，但距离最终目标尚有很大差距。就在距离正式开拍还剩一天的时候，出现了奇迹——一夜之间，大量资金流入平台，先是突破1200万美元，之后超过了2000万美元，开拍当天达到了4700万美元，共获得了17437人的资金支持，远远超出了项目最初的募资目标。

因成功募资而信心满满的"Constitution DAO"却在竞拍时遭遇了滑铁卢，由于这个组织的资金筹码是公开透明的，所以很容易被竞争对手掌握并予以利用。当竞拍价格出到4100万美元的时候，"Constitution DAO"就只能选择放弃了，因为除了支付拍卖出价之外，还要承担高昂的服务费以及保管费用，并且众筹的资金随时可能抽逃，他们不敢冒险继续跟进。11月19日，拍卖结果公布，城堡投资集团（Citadel Investment Group）的首席执行官肯·格里芬以4317.3万美元的价格拿下了这部藏品，"Constitution DAO"竞拍败北。接下来，该组织发布了竞拍失败的消息，并表示要开始办理退款，退款金额将等于原始捐赠比例，也就是1个以太币=100万个People币，通过果汁盒子平台捐赠的所有资金也都将退还给果汁盒子合约，之后销毁People币并关闭该DAO。

就在这时，奇迹再一次发生了。People币的价格不但没有因为竞拍失败而下降，反而从 0.004 美元开始一路飙升，很快翻了 5 倍，最高达到了 0.172 美元（本书写作时，大约在 0.05 美元）。那些原本打算退钱的人，这个时候犹豫了，与其退回本金，不如等待价格涨到合适的时候再出手，还能赚更多的钱。更为重要的是，发起这个项目的组织方，是打定主意全部退款的，所以根本没有给自己预留代币，这就让 People 币成了没有庄家的"无主之币"，背后支撑其价值的就是以太币，这反而更能体现出链圈一直追捧的"去中心化"思想。去中心化（decentralized）与自治（autonomous）的组织（organization），就是 DAO。

People 币在 2021 年年底的这场魔幻现实主义的登场，让人们再一次将目光转向了 DAO——念"道"，道可道，非常道。

一

人类通过组织进行协作，在过去的数百年中，公司这种组织方式成功地将人们联合在一起，推动了对物理世界的改造进程。面向未来的数字空间改造和建设，我们需要一种全新的组织方式，以便将人们在数字空间中联合起来进行创造。2006

年，程序员出身的科幻作家丹尼尔·苏亚雷斯（Daniel Suarez）出版了一本名叫《守护进程》（*Daemon*）的小说，描述了一款名为Daemon的计算机程序基于分布式特性秘密接管了数百家公司，并构建了新的世界秩序，这被认为是DAO的最初起源。2013年分布式资本（Invictus Innovations）公司的丹尼尔·拉里默（Daniel Larimer）提出了一种"去中心化自治公司（Decentralized Autonomous Corporation，DAC）"的概念，希望建立一种通过一系列公开公正的规则，在无人干预和管理的情况下进行自主运行的组织系统。DAC的核心是用自己的区块链来交换DAC股份，而不需要依赖于任何人，即可以让组织全体成员拥有公司的价值。

2016年，以太坊联合创始人维塔利克·布特林曾写过关于"去中心化自治组织（Decentralized Autonomous Organization）"的文章，并对DAO进行了简洁地定义："DAO是一个虚拟实体，它有一些成员或股东，其中67%的人有权花费该实体的资金和修改其代码。"所以，以太坊DAO依赖于代码的自我修正，而布特林所设想的DAO最大的进步在于，DAO是透明的，有明确的治理过程和建立共识的路径。同时，维塔利克区分了DAO的两种形态——DAC公司（去中心化的自治公司）

和DAO社区（去中心化的自治社区）。DAC公司是追求利润的
实体，有可交易的股份和分红；DAO社区则是一个治理实体，
社区成员会对某些治理问题进行投票，例如增加或删除成员。
DAC公司的运作模式是"1股=1票"，而DAO社区的治理模式
则是"1人=1票"。

　　2016年4月，世界上第一个DAO诞生了，名字就叫"The
DAO"。成立这个组织的目的是，通过去中心化的方式管理以
太坊社区中的风险基金，成员众筹资金到The DAO，然后通过
代币共同对投资投票表决。这一理念的确诱人，The DAO很快
筹集到了1270万个以太币，相当于当时的1.5亿美元，有11000
多人参与了资金募集，这些人都可以看作是The DAO的LP
（Limited Partner，即基金出资人）。按照这个募资规模，即便
The DAO不进行任何投资，只是持有这1270万个以太币的话，
单纯依靠以太币价格的自然上涨也能让其资产规模翻上几百
倍。当时的人们对这个DAO充满了浪漫的想象，认为The
DAO很有可能成为去中心化金融领域中的老虎基金（Tiger
Global）。

　　但天有不测风云。两个月后，The DAO遭受了一场严重的
攻击——360多万个以太币被黑客盗取转移。幸亏The DAO的

代码规则规定了28天的资金锁定期，维塔利克当即通过硬分叉的方式进行回滚，将被盗资金找回。由此，以太坊也从原来的以太经典ETC（Ethereum Classic）分叉出了一条以太坊（Ethereum），这就是我们今天常用的以太坊区块链。虽然这次的黑客攻击最终没有造成财产损失，但却导致了以太坊社区的分裂，也证明了尚未成熟的DAO这一结构形态的风险。

此后，DAO归入漫长的萧条期。这段萧条期给了DAO沉淀和反省的机会，让加密领域的很多先行者耐下心来进行基础设施的建设和完善，同时生态开发工具也得到了进一步丰富，尤其是Discord社区①的成熟更是大幅度降低了用户进入DAO世界的门槛。此外，因为Maker DAO等的坚守，行业知名度不断提升，大量人才陆续进入DAO领域。2021年，在沉寂5年之后，DAO开始了新一轮的爆发。

何谓DAO？字面上的理解就是"去中心化的自治组织"，这包含三层含义：一是去中心化，意味着一种分布式的治理机

---

① Discord最初只是个单纯的"语音聊天软件"，以游戏连麦作为切入点，逐渐汇聚成了一个游戏玩家社区。之后，越来越多的"非玩家"进入这个社区，建立起众多以"小组"为单位的频道，让Discord变成了一个基于兴趣的综合性互联网社区，注册用户已经超过3亿人。

构，没有或不受中心化权威的掌控；二是自治运行，相当于自己决定自己的命运，独立于政府或其他机构之外；最后，仍然是个组织，所以有其组织使命和目标。DAO 的这三个层面，组织是其形态，去中心化是其结构，自治才是灵魂。单纯成立一个 DAO 组织并不难，实现去中心化的运行结构也可以通过区块链网络来达成，最难实现的其实是自治。应该说，现实中那些被称为"DAO"的实体基本上都没有达到其标准化定义的程度，就连去中心化的实现也是一个循序渐进的过程，毕竟一个项目的发起还是需要中心化力量的，更遑论实现自治。从这个角度上来讲，DAO 其实是个"进程"，并不是已经达到的终点。记住这一点，对于看清现在沸沸扬扬的"DAO 象"特别重要。

更具体来说。DAO 是在区块链上运行的去中心化自治组织。它的规则被编码为计算机程序，使其透明，受股东和代币持有者的控制，不受中央机构的影响。这就像一家没有 CEO、没有员工、没有实体、没有管辖权、没有持有人的公司，但它仍然可以通过去中心化的代币治理流程来运作。从这个意义上来说，DAO 是一种协议组织，只不过 DAO 的规则是被事先写入智能合约并根据协议自动执行。一旦触发条件激活，就会自动执行相应的规则。此外，DAO中的代码编写的规则在链上公证，无法更改，直到社区（代币持有者）通过设定的流程投票来更改它们。所以，DAO是一种新型的技术赋能组织形式，它允许人们聚集在一个共同的目标之下，并以协议工作的方式一起实现组织目标。

接下来，让我们从易到难——组织、去中心化、自治——展开说说DAO的这三个层面的事情，看看它做到了什么，更重要的是，还有哪些是没有做到的。为了让大家有更深刻的理解，我们用公司这种"中心化的、权威治理的组织"来进行对比。

第一层面，组织。

首先，凡是组织都有共同目标，公司是一种组织，所以公司都有其共同目标，但不论具体某家公司的共同目标为何，其都指向一个归途——创造价值。公司创造价值的源泉在于，以公司这种形式组织资源可以节约市场交易成本，从而让公司表现出比市场这种资源组织方式更高的效率，这就是公司存在的原因。那么，公司具体是怎么创造价值的？用德鲁克的思想来说，就是两点——创造客户和创新。创造客户是说，公司能够通过管理的实施让产品或服务成为满足客户需求的手段，甚至创造出原本并不存在的客户。例如，你原先并不是5G产品的客户，正是因为运营商的推动把你变成了 5G 客户，这就是公司创造价值的一种方法。第二种方法是创新。按照熊彼特的理论，创新是改变生产函数，即用同样的人财物输入产出更有价值的产品或服务，创新依赖于企业家精神，正是企业家这只"有形的手"决定了公司资源的投放，进而带来了创造性的价值。由此，公司内部的管理创新加上公司外部的客户创造，两者联袂为社会创造出了价值。

DAO 也是一个组织，也有其共同目标，也要创造价值。那么，DAO 如何创造价值呢？一方面，在创造客户上，DAO 很大程度上依赖于最初的创建者，这些创建者基本上是在已经有了想要服务的对象甚至是明确的任务的情况下才会创建 DAO，这跟传统的公司组织没有什么区别。在内部管理创新方面，DAO 跟公司的区别非常明显，原因在于，DAO 的内部运行是基于数字化协议和共识的，且通过智能合约来保障协议的运转，这要比传统公司的内部效率提升很多。进而，跟传统公司中个人贡献者与其监管实体之间存在从属关系不同，在 DAO 中，个人只需要在自认为能为组织增加价值并有意愿这样做的时候才会选择加入，所以 DAO 更有利于在更加广泛的范围内以更具企业家精神的方式来改变生产函数，实现价值创造效率的提升，且服务于不受边界限制的生态系统。这时，传统公司中的企业家这只"单一的有形的手"被智能合约中的"众多的有形的手"替代了，让内部管理创新与外部客户创造的交互效率得到了提升。

第二层面，去中心化。

如果为了突出DAO的去中心化特征而把传统公司说成是完全中心化的，那么这是有失公允的。我们观察到的实际情况是，一家公司从成立到发展，在所有权关系上呈现出来的往往不是进一步中心化，恰恰相反，是一种实际控制人逐步稀释股份，走向相对控制，甚至最后是极其分散化的所有权的形式。更进一步，很多公司采用内部员工持股的方式进行治理，股权从一开始就是相当分散的。所以从这个角度来看，非要把公司描述成是中心化的代表，是不适合的。正如DAO也不是完全去中心化的一样，所有的DAO起码在最初成立的时候，都不能说是完全去中心化的，即便是由一个相对平等的社区成员发起，那这些社区成员也不是完全平等的，总有首次倡议的那个人出现。所以，去中心化是一个进程。只是DAO这种方式因为借助区块链和智能合约，更加方便个体的参与，推动去中心化更加容易，其去中心化进程更加快速也更加坚决而已。

但去中心化还是很有必要的，这跟一个组织能够获得的资源范畴有关。中心化的组织可以做到高度控制，但其可以协调的资源也会大大受到局限。通过开放所有权体系，组织可以广泛吸纳资源方进入内部，以共同拥有并共同协作的方式推动组织进行更大发展。在传统的公司中，中心化的架构导致普通员工参与公司治理的途径相当有限，也不直接。即便是在公开市场发行股票的公司，大多数股东也只能"用脚投票"，作为股东的公司拥有者也很难直接参与公司的实际经营过程。在外部环境动荡加速的情况下，更加暴露了传统公司组织在应对环境变化方面的效率不足。

如果说传统公司的治理是典型的"委托—代理"机制的话，那么 DAO 治理则是"共识—合约"机制。具体来讲，DAO 的治理分为链下治理和链上治理两种方式。链下治理是通过社区中的平等交流来汇聚共识，是不那么正式的非代码化的规则讨论，讨论的规则可以不断修改和迭代优化，讨论过程也不会被登记到链上。链上治理是把形成共识的规则代码化，以更加明确和更有效率的方式来执行任务，同时做到投票过程和结果执行的完全去中心化。这种链下与链上相融合的方式，可以很好地推动 DAO 的发展。但也意味着，一个 DAO 的最初治理，仍然是中心化的结构，去中心化是其进程和最终目标。

第三层面，自治。

自治就是有权自己处理自己的事务，其反面就是放弃处理自己事务的权利由别人代为行使。放到组织的情景当中，就是组织成员能不能当家做主——能，就是自治；不能，就不是自治；部分能，就是部分自治。更形式化一些的说法，自治就是分权，非自治就是集权。这里特别需要强调的是，传统公司组织并不全是集权的，尤其是随着外部环境的变化，当今越来越多的公司组织结构趋向于扁平化，大幅度缩减管理层级，倡导在公司内部设立很多类似于社区或公会这样的非正式组织，以强化员工的主人翁意识，引导员工在诸多公司事务上进行自治。像海尔这样的公司，甚至对传统组织进行了颠覆式的重塑，以"自主经营体"为核心，全面引导员工结成"创客"组织，对市场和客户需求拥有绝对的决定权。美国作家奥瑞·布莱福曼（Ori Brafman）早在2006年就详细论述了一种类似于"海星"的分布式自治组织（Distributed Autonomous Organization）形态，跟现在的DAO理念有异曲同工之妙。我本人也曾于2016年提出"共司型组织"的说法，并分析了这种"液态化"组织的自治特征。所以，自治并非DAO的专属，DAO也并非一诞生就能做到完全自治。公平地讲，自治的程度选择是所有组织类型的一个权变过程。

但 DAO 的不同在于，它在纵向的权力结构上没有绝对的领导者和执行者之分，每个人都是领导者，也同时是执行者，他们依赖共同的利益和目标展开协作，共同商定如何分配回报、掌控风险，并在未来共享项目的所有收益（包括衍生的公共利益）。在横向的权力结构上，DAO 采用完全开放式的报名准入模式，任何人都可以通过遵循适用于所有各方的一组标准规则在相同条件下工作，不会受限于地理位置，这样就为组织的建立和运营提供了平等的平台。这样的权力设置方式，大幅度扩展了组织的边界和组织成员的构成。相比于传统公司而言，DAO 建立起的是一种几乎不受时间和空间限制的协作方式，没有所谓的上下班、双休日和节假日这样的束缚，非常有利于陌生人之间进行有利可图的合作。

从这个意义上来讲，支撑 DAO 进行自治的基础是其解决了陌生人的信任问题。在 DAO 中，人们的信任不是建立在书面合同上，也不依赖于有权解释这些合同的传统司法机关，而是建基于一系列密码学和计算机技术。人们信任 DAO 的组织者，不是因为他们许下的承诺，而是因为他们的承诺变成了公开的计算机代码，并且这些代码的执行不受人为干预。所有人都可以看到这些代码，一旦被触发，就会在以太坊网络的每一台计算机上执行一遍，这个执行过程没有人可以阻挡。如果你不信任他人得出的结果，可以自己运行实现了以太坊协议的计算机软件，来验证其他人的执行结果。在这个层面上，DAO与传统公司没有什么两样，都需要基于信任来推动自治。

上述对组织、去中心化、自治三个层面的阐述，与其说是为了区分DAO与公司，不如说是模糊了两者之间的边界。我的判断是，DAO是公司制组织形态在数字化时代的自然进路，但并不是替代。所以，没有必要扩大DAO的革命性创新，它所面临的问题以及在引导人类协作方面的机制，跟公司制在底层逻辑上没有本质区别。DAO所追求的去中心化、自治等特性，也正是现实世界中公司正在努力的方向。只不过，无论是公司还是DAO，共同的演化方向是——共司。

二

十几年前，我曾在云南丽江的束河古镇偶遇过一家小店，店里不见主人，经过的游客可以自己下厨做饭，自己打扫休憩，临走如果愿意就丢下些钱币，权作小店持续之需。虽然看似无人管理，但这家小店维护得很好，很多游客都把它当成自己的家一样。

2019 年夏天，我曾前往以色利，实地参观了死海附近的一处基布兹（kibbutz），并到当地家庭体验了一把"人民公社"的生活。基布兹在希伯来语中是"聚集"的意思，指的是以色列的一种集体社区组织，过去只从事农业生产，现在也涉及工业和高科技产业，实行人人劳动、各尽所能、按需分配的集体社区制度，社区成员不拿工资，一切财产归基布兹集体所有，成员没有私有的汽车和房子，但饮食用度也无须自己花费。这样的基布兹在以色列有 270 多个，人口规模达 14.3 万人，拥有以色列全国耕地面积的 35%，农业产值约占全国 40%，且以色列 50% 的小麦、55.4% 的牛肉和 80.4% 的棉花都产自基布兹，工业产值也已经上升到了全国 9% 的程度。

这种依靠成员共同管理的组织，我称之为"共司型组织"。共司型组织其实古已有之，有点类似于古代的部落，是一种分工明确而又相互协同的组织形态，人人为我，我为人人，注重水平协调而非垂直指挥，大多数时候，这种组织的存在都不以盈利为目的（虽然可能很赚钱）。相比于传统的公司，共司型组织最大的特点是"不以货币为媒介的价值交换"，这就摆脱了传统的雇佣关系，是"兴趣"或者"信仰"而非金钱将组织成员聚集起来，并允许成员深度参与组织管理，因此在组织内部，职责划分可能非常清晰，但等级界限却不明显，是一种很难用传统的组织结构图刻画关系的组织形态。

共司型组织的外在表现上，呈现出"液态化"的特征，型无定式而又无处不在，往往具有很强的外在渗透力，其内在特征是极强的凝聚力，虽然看起来非常松散，但实质上异常团结，经常会为了非金钱化的目标付出远超金钱价值的努力，因为在这样的组织里，赚钱甚至都不会被列入组织目标的最底层。共司型组织没有边界的概念，一般不会把具有共同兴趣或共同信仰的人拒之门外，在很多时候，加入这种组织甚至都不需要任何的惯常仪式，更不要说有多高的门槛了。但是，一旦加入进来，成员就必须遵守既定的仪式和惯例，仪式和惯例是共司型组织特有的协调成员一致行动的手段。

既然共司型组织的价值交换不以货币为媒介，那么价值交换的触媒就变身为了"体验"，组织成员的体验成为触发价值交换最重要的媒介，为了获得某种独特的体验，成员甚至不惜贡献自己拥有的金钱（如果有必要的话），所以共司型组织会非常在意成员间的共同体验，甚至会将这种共同体验凝结到某些特有的仪式和器具以及组织内部人员才听得懂的"行话俚语"中去。

组织同时追求无边界特征和共同体验的深度塑造，会将共司型组织引向组织黑洞，最终会是共司型组织面临的最大障碍，不追求无边界就无法吸收新能量（组织熵），但这会让共同体验越来越难塑造，但不塑造共同体验，组织又很难完成深度的价值交换，这是这类组织的两难困境。随着区块链和加密数字技术提供的基础设施越来越完备，个体参与意识和自治能力稳步提升，共司型组织会变得越来越普遍。

例一：Bankless DAO。

Bankless DAO 是 2021 年 5 月上线的一个 DAO 组织，是社区共识的产物，没有传统商业社会中的法律实体，但拥有自己的治理代币 $BANK，目标是吸引 10 亿会员，所以创世总量为 10 亿枚。$BANK 币本身没有价值，代表的只是成员对社区的贡献和参与程度。$BANK 币不对外出售，背后也没有投资人，只有参与社区活动的成员才能得到 $BANK 币，并且参与社区互动是获得 $BANK 币的唯一方法。Bankless DAO 通过社区投票来决定怎样才算"参与社区活动"。

Bankless DAO 的使命是"互联网社区与加密资产结合，并利用它们作为工具，将资本和劳动力集中到生产性产出中。在社区共识下，个人的技能和资源可以结合到一起，形成强大的集体力量给世界带来改变。有了这一点，人类就有能力建立新的、互联网级别的组织，并与成员的价值观保持一致"。Bankless DAO是一个非常开放的社区，任何人无论出于什么目的都可以通过Discord加入进来，并获得浏览绝大部分信息和历史工作文档的权限。千万个成员自发组合成了十几个不同方向的公会，包括写作公会、教育公会、开发公会、法律公会等，每个公会都有自己的成员，每个会员都可以根据自己的特长和兴趣选择加入一个或多个公会。

　　任何成员都可以发起提案，发起提案先要有一个想法。当然，你有了想法之后，并不需要寻求高层的支持，你只需要在Discord相应的频道里不断地和别人提起或者沟通你的想法就行。只要你的想法足够吸引人，就会遇到支持你的一批人。一旦想法成熟了，就需要把想要进行的项目公示出来，让更多的人看到。Bankless DAO要求每一个提案者提出具体可行的项目规划，从项目背景到具体工作规划、人员和详细财务信息，以及最后的考核标准，一切都必须可行和透明。同时，要接受所有人的质疑，这个时候，提案人就需要不厌其烦地进行解释，直到大多数人都认可了这份提案。正是通过这个过程，提案得到了进一步完善并扩大了共识。最后，提案要放到整个社区来进行投票表决，Bankless DAO 规定一项提案要在 7 天内吸引到整个 DAO 百分之一的人来投票，并且得票率在 66% 以上才能让这个提案项目真正建立起来并付诸行动。

在 Bankless DAO 内部有两种组织方式，一个叫公会（guild），另一个叫项目（project）。公会就像公司里的一个个部门，每个部门都有自己的成员，各自都有不同的特长和职责，倾向于为整个社区创造一些公共产品或服务。项目是成员在公会讨论中产生的想法，等到这些想法得到足够多的共识时，想法就变成了行动。公会+项目，构成了社区组织的经纬线，保证了组织信息的全方位透明流动。

这个逻辑就像是走进了一家全透明的公司，你可以查看任何一个部门的历史文档、参加任何级别和形式的会议。等到你也想要做一番事情的时候，你就可以向所有人兜售你的想法，结果很多人说，这个想法好，咱们一起干吧。然后，就一起干了。应该没有比这更开放的组织了。

例二：Aladdin DAO。

诺贝尔奖获得者赫伯特·西蒙（Herbert Simon）认为，作出理性决策所需要的信息是无限的，而人的注意力是有限的，用有限的注意力是处理不了无限信息的，所以由于共享信息的存在，集体作出的决策往往比单个人作出的决策更加有效。Aladdin DAO就是基于这一理念建立的去中心化网络，旨在通过集体价值发现将加密投资从风险投资资本家转移到群体智慧。

Aladdin DAO的核心是"Boule委员会"，第一批Boule委员由创世成员推荐，并由DAO选举产生。其他Boule委员80%由第一批委员提名，20%由社区直接提名。Boule委员投票识别、分析并向社区成员提供优质的投资项目，Boule委员在参与过程中可以获得代币奖励。同时，Boule委员在投票时的决策和代币奖励挂钩，保证了高手们负责任地投票。这种委员会机制，赋予掌握更多有效信息的社区成员以更高的决策权重，利用激励机制不断回溯策略质量，促进更好的决策迭代，形成了决策信息的集体价值发现机制。

例三：**FWB DAO**。

Friends with Benefit（FWB）是从2020年9月开始的一个社会实验，从刚开始的群聊发展到在Discord上建立频道。FWB是一个有2000多名会员的私人俱乐部，加入这个俱乐部不仅需要通过严格的身份审核，还需要购买接近一万美元的门票。当成员持有门票的时候，他也拥有了俱乐部的一部分，并且可以参与俱乐部的运营和决策。FWB 主要的社区是在 Discord 上，拥有一个包含一百多个频道的服务器，每天产生大量有关艺术、设计、音乐、游戏、美食等的讨论和交流。

FWB 由数字货币的原生住民创造了数字货币 FWB，代币的拥有权就是社区身份的证明，总量 100 万个，当前全流通市场大约在 5000 万美元。FWB 设置了很高的进入门槛，申请者需要写一份自我介绍，通过 15 人委员会的严格审核之后，还需要购买 75 个 FWB 代币才能加入。在社区内，成员会共享艺术、美食、音乐、游戏、设计、电影制作等主题的讨论，并且共同发起和执行多个项目，如开发通过钱包验证的门票产品、孵化并展览 NFT 作品等，甚至它还有一个自己的 NFT 画廊。也有一些成员直接完成组队进行线下创业。2021 年，FWB 获得了来自 a16z 等几家著名风投机构千万美元的投资，当时整个 FWB DAO 的全职员工只有一名，而其存在形式仅仅是存在于 Discord 上的服务器。

除了交流空间，FWB 还有很多开放给会员的服务，包括各类线上线下活动、城市指南、文摘、私享资料，以及各类项目福利等。作为一个俱乐部，各类活动和对应的社交机会是构成社区价值的重要组成部分，既有线上活动，也有线下活动。这些活动都由固定的主持人负责，通常会邀请外部嘉宾。后来FWB还引入了城市 Sub DAO 的概念，进一步降低了成员身份的审核标准，门票价格也大幅下降。这样，大家就可以以较低的门槛申请加入某个城市的会员，有利于同城会员的群体社交和互动。

FWB 的管理采用的是"DAO 群"的方式，包括四个核心DAO——治理、董事会、团队领导和贡献者，消除了将日常业务的每个项目都投票给 DAO 的操作难题。核心团队有权保留服务、谈判合同、开发和发布平台条款、雇用人员以及管理DAO 的运营任务。这种理事会设置，是将传统的"现实公司"向数字世界进行了投射，所以看上去更像是一家标准的公司或者创业组织。FWB 也是少有的对外融资的 DAO 组织。

在功能定位上，FWB 并不是一个生产力组织，其信奉的是"先有社交，再有创造"。一个人可以不只是观众，也可以是一名管理员，或者创造者，或者是一个用户。人的身份不再固定，而是流动和变化的。

上述三个例子只是当下蓬勃发展的 DAO 的三个个案。但之所以选取这三个例子——生产力导向的 Bankless、决策导向的 Aladdin 和社交导向的 FWB——是为了建立能与现行公司组织对话的基准线。在传统公司内部，生产、决策、互动同样是最重要的活动。此外，不知道您注意到了没有：在描述这三个例子的过程中，我故意没使用那些让人一头雾水的技术语言或者那些只有加密领域的人才能听得懂的"行话"。原因在于，我认为 DAO 这种组织形态或者说共司型组织并不只是为加密领域的玩家准备的，它是一种具有新意的想法，只不过这种想法被人们在加密领域放大了。但就其想法本身而言，可以被更多的人思考和借鉴，当然也包括那些在传统经济形态下打拼的创业者和企业家，甚至所有怀揣数字世界梦想的普通人。

三

如果 DAO 代表的是一种去中心化、自治的组织发展趋势的话，那么显然已经有不少公司呈现出了明显的"DAO 化"特征。只是，它们还很少把这些已经自发产生的"DAO 化"进程与加密思想和技术结合起来而已。这就给了我们进行前瞻性思考的空间：如何自觉地推动传统公司的"DAO 化"进程？

现实来看，我们真正需要的可能既不是传统上那种中心化的、威权掌控的组织，也不是真正去中心化的、完全自治的组织。就像开头提到的Constitution DAO，其在参与拍卖时就遭受了严重的"身份问题"。DAO这种形态，并未在任何司法辖区根据具体的管理条例注册，也就不具备相应的法律身份。一开始，苏富比甚至不知道该如何跟一个DAO打交道，不知道怎样做才合规。幸亏Constitution DAO的核心成员找来了最了解相关法律议题的人，一起建立了能与苏富比交易的法律实体才获得了竞拍资格，也就是说，真正去参与美国宪法副本拍卖的仍然是一个公司实体，而不是DAO。这也就意味着，其实存在两条现实的路径选择：公司DAO化和DAO公司化。

在"公司DAO化"这条路径上，我们已经看到像Bankless这样的例子。Bankless最初是作为一家公司创立于2019年，主要业务是跟踪发布加密行业的简报，并在很短时间内就成了加密社区中有一定影响力的媒体平台，因紧跟热点、报道实时、信息全面而出名。注册实体公司是Bankless LLC，在2021年公司成立两年的时候，就已经实现了盈利。还创立了Bankless meme，发展了几个有价值的媒体属性，包括：Bankless Newsletter、Podcast、YouTube等。此后推出的Bankless DAO可以看成是 Bankless 注册实体孵化出的一项新业务，只不过这项新业务的想法萌生于 Bankless，其实际运行脱离于实体进行而已。这样的"DAO 化"类型我们可以称之为"孵化型"。

此外，还会存在"变异型"。所谓的变异型是传统公司在特定时期发生了基因变异，转型成为了 DAO。这样的方式，目前我还没有找到合适的案例，但我们可以观察一些动向。例如，类似于美团、饿了么这样的外卖平台，已经实现了通过算法来管理骑手团队。骑手们可以申请加入社区，并认领社区的任务（送餐），根据业务量和服务质量来获得收入。这种形式起码已经具备了部分去中心化和自治的特征。倘若美团能够发起一个 DAO，比如就叫 MT DAO 吧，把外卖服务流程和规则以代码形式写进智能合约，保证可以不受外力干预地自动执行，那么外卖骑手将真正成为一个自治组织中的一员，以透明公平的方式付出自己的劳动来换取收入。当然，有关代币的设计在国内会面临很大的问题，关于这个问题暂时按下不表。

沿着"孵化型"和"变异型"这两种方式，我们可以自然推展开来：所有现存的公司都有部分或者全部 DAO 化的机会。

再来看"DAO 公司化"这条路径。就目前的发展来看，虽然像美国怀俄明州已经立法将 DAO 纳入"有限合伙公司"的范畴进行管理了，但DAO距离融入实体经济和现实社会仍然还有很远的路要走。随着DAO吸引的用户越来越多，所产生的提案与项目必然会与现实经济系统产生交互，所以"DAO公司化"也是一个必然的趋势。这里面也包括几种不同的情况：一种情况是DAO孵化的项目转入线下实施，就像FWB上出现的情况那样，成员借助DAO社区的讨论获得共识并完善提案，一旦成熟就有可能转化为线下实际的创业项目。第二种情况是DAO本身的公司化，类似于FWB这样的DAO，其治理方式已经趋向于公司的形式，严格意义上讲，已经不是纯粹的去中心化、自治的结构了。这也表明，DAO越趋向于成熟，越有可能走向"规范治理"的道路。第三种情况是共识层与合约层杂交，前者相对稳定，所以可以采用公司中的委员会或理事会这样的常设机制；而合约层面向日常的活动，则交给社区进行自动决策。

　　总而言之，组织是环境的产物，无论什么样的形态，都需要适应外部环境，而在外部环境中，监管是极其重要的力量。很可能的情况是，监管力量才是"DAO公司化"最大的推手。

本章小结

在不远的未来，我们将会看到很多公司与 DAO 相互融合的组织形态，它有一部分属于现实世界，遵从现实商业的逻辑和规范；另有一部分会待在加密世界，发挥自主力量的威力。两者交相辉映，共同推动价值创造大业。我曾在讲课和与学生讨论的时候，谈到过一种"共司码"的体系——把公司内部所有工作流程和事项全部化为代码，相当于创建工作流程的数字孪生体，之后写进智能合约，同时按照岗位创生出二维码形式的"岗位码"，使之成为工作努力的入口账号体系。实际工作中，任何一个岗位的工作流都被实时数据化并留存在岗位码的账号体系之下。每一名进入公司工作的员工都将被"赋码"，一键继承之前的所有工作积累，并在此基础之上继续向前推进岗位工作。若是离职，则"人走码留"。假如再把所有权治理体系写进智能合约，那么就可以让所有的员工都变成"员东（员工＋股东）"。如此一来，公司通过"共司码"就转化成了共司。

这个想法送给正在读这本书的你，相信在不久的将来就会变成现实！

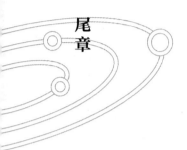

无限的游戏

读到这儿，您是不是会感觉少了点儿什么——好像6章正文中没怎么提"元宇宙"，虽然本书的题目上有元宇宙这个词，甚至您当初可能就是因为这个词才买的这本书？

实话跟您说，这是我刻意为之的。虽然通篇没见元宇宙，但其实谈的都是元宇宙，这么说是不是很"元宇宙"？我相信大多数人提到元宇宙也是一头雾水、不明所以，又急切想了解，结果越了解越是一头雾水。关于这一点，我跟您一样。我甚至要告诉您的是，这是正常的，理不理解元宇宙跟智商没有关系，也跟知识是否渊博无关。元宇宙只是用来航海的一条小船，有的人划着船向西走了，有的人划着船向东走，还有的人划着划着就原地打转了，风一吹、浪一打，没准还给沉了。所以，路线和视角不同，看到的风景也就不一样，何况这个风景还瞬息万变、没个定型呢，眼花缭乱实属正常。

　　我在这本书中选择的视角是数据。因为在我看来，数据已经成了当今社会最大的现实，我们几乎没有一刻能够离开数据。那也就意味着，未来经济社会的演变，即便不是直接受到数据的驱使，也至少会跟数据有关。有人估计，2021年全球数据量达到了60ZB，1ZB等于十万亿亿个字节，2022年全球数据量应该接近80ZB，这是远远超出我们理解力和想象力的数量。除了数据之外，我们人类还没有生产和储存过这么大数量级的东西。更加重要的是，我们亲手造出了如此大量的数据，但这些数据却很难被我们亲手触摸，没有味道，闻不出气味，甚至都没有颜色，发不出声音。这让习惯了发动官能器官来感知周围世界的我们一下子慌了神儿，特别想要去探查一番这个目前只能称之为元宇宙的平行数字时空到底是怎样一番景象。

　　那好，既然进入这个平行数字时空是终极目标，而当下的世界就是起点，如何从这个起点进入远方？这时的我们，再一次想起了官能器官，想要让这些官能器官借助数据来建立起大脑和那个远方的联系。从这个意义上讲，所有奔赴元宇宙的努力，其实就是数字化人类的感官体验。首先就是视觉，而视觉原本就是空间的，所以各种虚拟现实技术、增强现实技术以及扩展现实技术及其设备就开始蜂拥而至，张牙舞爪地炫耀可以骗过你眼睛的东西。连同还有听觉技术这个也具有空间概念的感官体验，配合着视觉一起成了欺骗大脑的帮凶。在这两个先锋之外，触觉成了下一个热门领域，各种数据手套、数据服装等可以与人体直接接触的物件，也开始登场，演化出了元宇宙的触觉进路。当然，未来还会有数字化的味觉和嗅觉技术。总而言之，数据就像是个魔术师，总能把人类周遭的一切给模拟得十分逼真，难分真假。

　　既然探查元宇宙的官能器官都准备好了，那到底该怎样巡游这个奇境呢？这就有点像《爱丽丝梦游奇境记》中的故事情节了——除了爱丽丝之外，就没有一个头脑行为"正常的"。喝一口水就能缩得如同老鼠大小，吃一块蛋糕又会变成巨人。一只蘑菇，吃右边变矮，吃左边长高。所有事情，在这个虚构的兔子洞里都变来变去、荒诞不经。以至于爱丽丝也快疯了，不断追问"我是谁？"幸好，爱丽丝最终还是醒了，也意识到原来这一切都是自己的一个梦境。如今，因为追逐元宇宙而催生出来的各式各样的数字人、虚拟人以及机器人，似乎也正在把我们拉到一个"数字洞"里。虽然它们的长相可以高度拟真甚至真到完美，但它们的一行一动、一笑一颦总缺少点人味儿。身处这些"人"当中，难道我们就不会发出"我是谁"的追问吗？难道数字人就一定心安理得，不去想自己到底是谁吗？假如不想，那它算是个"人"吗？再进一步，机器都变得这么像人了，人怎么才能变得不像机器呢？人怎么成为人？这些问题，想一想头都大，太没劲了。

既然这么没劲，与其讨论元宇宙的愿景，不如换个思路，想想我们怎么才能过上更好的生活。庸俗一点讲，怎么更轻松地生产，怎么更容易地赚钱，怎么更简单地管理？在书中，第一个问题我们的答案是孪生，想必你已经知道了如何使用数字孪生来构建实体，并实现杠杆化效应。第二个问题的答案是数赚，带大家领略了未来数字时代的赚钱方式，归纳起来就是"只要做功，就能赚钱"，想想都很开心。第三个问题的答案是布DAO，貌似很哲学的样子，还中英文混合词儿。哈哈，提醒您注意这个DAO，但更需要注意的是DAO与现行公司组织的融合路径，毕竟组织是连续的，不是说DAO就能DAO的，最好能做到像蝌蚪变青蛙那样——过程很连续，结果很突然。

好了，作为一本书的结尾，不能只是总结一下全书内容就算完事。一般来讲，是要展望一下未来的。剩下的篇幅，我就展望一下我眼中的元宇宙，给这个注定会到来的世界制定几条可供迭代的共识：

第一，元宇宙没有真正实现的那一天，可望但不可即。

第二，现实中解决不了的问题放到元宇宙也解决不了。

第三，现实世界与元宇宙是双向奔赴，归于两者相融。

第四，元宇宙一词最终会消逝，因为只会有一个宇宙。

第五，所有元权力的追寻，都是现实权力扩张的铺垫。

第六，上面列出的五条共识，要不了多久就都是错的。

第七，如果没错，请参照第一条。

西蒙·斯涅克在《无限的游戏》一书中指出，任何活动只要有两个及以上的玩家存在，就可以看成是一种游戏。而游戏分为有限游戏和无限游戏，前者指短期的、竞争的、输赢的；后者则是长期的、竞合的、共赢的。企业的经营是有限和无限杂糅在一起的：有些活动符合有限游戏特征，另一些则落入无限游戏的范畴。对于企业家的考验在于，他们常常会用有限思维来应对无限游戏，或者反过来。

当下正在行进的趋势，更让上述考验变得愈加严峻。众所周知，已经肆虐三年的新冠肺炎病毒尚未出现收手的迹象，这让已经风雨飘摇的全球产业体系雪上加霜，再加上深刻重塑国际体系的大国博弈，人类百年未有之大变局让我们这代人给赶上了。

在这样的商业气候下，作为组织的企业，不但"不确定性"迅速增大，而且竞争压力之大更是你死我活——我们比以往任何时候都想要赢！问题是，企业经营有着"不以输赢论英雄"的另一面，也就是无限游戏的特性。在更多时候，企业不应该追求"成功"，而应该确保"不败"。成功和失败是短期思维，适用于有限游戏，而不败则是面向"永无止境的进化"，不论输赢，只管前进！

面对来势汹汹的元宇宙，商业实践者更应该懂得无限游戏的精髓，小心谨慎地沿着数据进击的方向踏浪前行。正如李小龙所说："要像水一样，适应正在发生的事情，并充分利用它。"

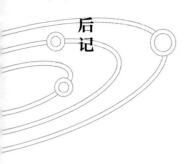

后记

吹出去的牛皮，跪着也要兑现。

自从喊出"每年一本《蝶变》"之后，我就没有一天不后悔的——时刻都得想着这个事儿，今年写啥？写啥？啥？想着想着就容易傻掉，什么都想写，下笔就秃噜，今年尤其秃噜。

我写书有个习惯，就是用很多时间打腹稿，这个习惯特别累心，我得先琢磨好选题和方向，再用逻辑自洽的方式把自己说服，在心里搭好四梁八柱，构建起一个蓝图，然后一点一点添砖加瓦，直到把这幅蓝图的细节局部都变得清晰可见，达到不吐不快的程度，才运笔动工，让心中所想诉诸文字，最后变成完整书稿。

按说这套写书程序我已经比较驾轻就熟了，过去的《蝶变》系列也是这么干的，所以今年2月初就兴冲冲地开工，打算"赶个早儿"。谁承想，一动笔就发现问题比较严重，一则

之前想的那些四梁八柱根本就经不起推敲，不是上梁不正下梁
歪，就是东梁摇晃西梁倒，总之就是"立不起来"。我还以为
是我文字水平这块没拿捏好，所以还去学了一些诸如"如何写
作"这样的知识，最终发现这些东西都帮不上什么忙，反正怎
么摆弄都不成型。二来，这本《蝶变》选题太新了，虽然从
2020 年就开始密集关注"元宇宙"领域的动态，但这个新鲜玩
意还处在谁都可以胡言乱语的"概念导入"阶段。一时间，谁
都在喊"鬼来了"，再一问，没人见过鬼。元宇宙还真是个
"鬼东西"，不好对付。第三个拦路虎是时间，尤其是一开学，
领导们新学期的调调是"起跑即冲刺"，一开学就把弓拉得很
满，恨不得万马奔腾燥起来。这样的工作节奏是十分不利于创
作的，裹挟其中的我，只能做到"起跑即暂停"——好不容易
写两笔，就得被迫停下来。

就这样断断续续地推进着，挤牙膏一样拼凑文字，也没工
夫去扶梁稳柱，一个多月下来，洋洋洒洒地也有个七八万字
了。好在这学期周末没啥课，这给了我难得跑"写字马拉松"
的机会。三月中旬的一个周末，终于有时间检阅一下之前的产
出了，可通篇看去，满篇的顿号和逗号，还有各种省略号，就
没找到个把叹号。罢，罢罢，罢罢罢！连自己读来都没法赏心

悦目的东西是没有资格被出版的，扔吧，这就是我当时的感觉，确实，我也扔了。

就像爬到半山腰又被赶下山但过不了山又不行的一身疲惫的旅人，退回到山脚还得重新登上去，这可咋办？这一次，我反倒不着急了，大不了写一年，能咋的？撤回身来，先要想清楚结构，基础不牢地动山摇，所以先得把精力放在四梁八柱上，把框架建实落了，才好开工。这个问题花费了很多时间，思考起来也很痛苦，不说寝食难安吧，辗转反侧是肯定的。就在不断推翻又重建的来回迭代里，思路逐渐清晰了起来，最后你看到的这个框架就是我无数次探进大脑元宇宙中反复跟自己对话的结果。

结构确定了，剩下的事情推进起来就顺畅多了。一路高歌猛进，时而电脑上敲几段，时而手机上写几句，都是在整体结构之上的自然流淌。所以这段时间的我，是穿梭在电脑屏和手机屏之间的数字双生人，贯通两个屏幕的就是我一直超爱的"石墨文档"，没有比这个更好用的写字工具了。在此，我代表《蝶变》系列，向石墨文档致敬！

当然，相比于前几部，这本《蝶变》还有一些小特色：第一个是全书的语言更加平实，读起来会感觉"硬硬的"，口感不腻，但偶尔会硌牙。第二个小特色是每章都有个开篇小故事，引导全章内容，但也没那么正正好覆盖章节内容，我只是觉得故事有时候更有吸引力，你若是把6个章节的故事串起来看也很有趣。第三个小特色比较隐晦，但也能被你轻易发现，那就是我做了不少"思想实验"，这是哲学研究中经常使用的方法，但我的思想实验并不是空中楼阁的纯想象，而是去除了一些细节的现实主义构想，你就当成是现实的抽象吧。当你阅读本书的时候，我希望你能注意到这些小特色。

后记的最后，自然是要感谢很多人：吧啦吧啦吧啦……此处至少省略10万字，总之在创作《蝶变》系列的路上，我不曾孤独过。你们的爱，全记我心。

好了。期待《蝶变》下一部吧。

杨学成

2022年4月18日于北京